樹林舎叢書《じゅりんしゃそうしょ》

歴史の眠る里　わが山科

飯田 道夫

人間社

歴史の眠る里　わが山科

目次

第一章 序論

一　東海道の第一歩

平安時代前期のある日、山科の里を馬で通る二人の人物がいた。ひとりは摂政藤原基経《もとつね》に仕える赤鼻の、うだつの上がらぬ「某と云う五位」の男で、もうひとりは、その五位が基経の宴に出た芋粥を口にし芋粥には食いあきることがない、と、ひとりごちたのを同席していて聞きとがめた、後に鎮守府将軍となる藤原利仁《としひと》。それならそれがしが心ゆくまでご馳走しよう、とさそい、芋粥を食べに行くところである。二人は賀茂川（鴨川）を越えて粟田口に出、なお先をいそぐ。いったい、どこまで行く気なのか。心配になった五位が「山科辺ででもござるか」と問うと、「山科はこれじゃ。もそっと、さきでござるよ」との返事。そうこうするうちに山科も過ぎ、関山もあとにし、着いたのが近江の三井寺で、そこで行き先が敦賀と知らされ、「敦賀とは、滅相《めっそう》な」と、五位は絶句。といっても、今さらいかんともしがたく、敦賀まで足をはこび、芋粥を食べることになるのだが、あとの話ははしょる。

芥川龍之介の出世作「芋粥」の冒頭に近い場面の概要で、種本は『今昔物語集』巻二十六の「利仁ノ将軍若カリシ時、京ヨリ敦賀ニ五位ヲ将《ヒキ》イテ行キタル語《コト》」。この箇所はほぼ原本に従っており、これで山科が平安時代前期から交通の要衝として知られていたことが明らかになる。

二人がとった街道は東海道で、右に名の挙がった地は、それぞれ、それなりの意味合いをもった交通

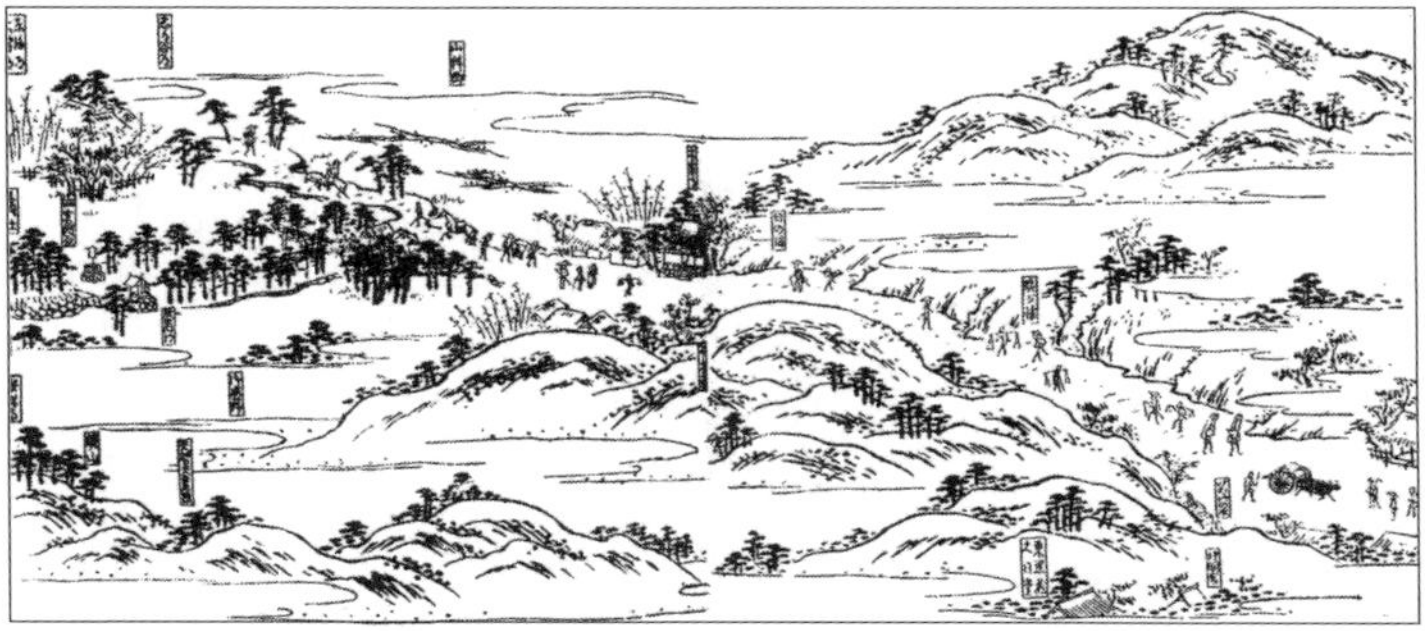

東海道　粟田口から山科里まで

の要衝だが、芥川がそれをどこまで理解していたかはおぼつかない。彼は、二人が山科から三井寺に直行したかのように記す。大津には寄らなかったのか。この疑念は後の話につながる。

ところで東海道といえば、ふつう、鴨川にかかる三条大橋を起点にして、五十三の宿駅を経て、江戸の日本橋に至る道を指すが、これは江戸幕府の初代将軍徳川家康が五畿七道を整備したときにはじまり、利仁と五位が敦賀に向かった頃には、三条大橋はまだ存在しない。二人は馬に乗って、鴨川の河原を渡った。川の西に、現在、河原町通りがあり、京都の繁華街になっているが、この頃は、天皇のご座所、内裏もまだ今の二条城あたりにあり、中央道路は朱雀大路—現在の千本通—で、京極大路が都の東限だった（河原町通はその東を平行して走る）。ただし、都人の一般感覚では、鴨川が都のはずれで、これより内を「洛中」とよびならわしてきた。

鴨川の東は「洛外」だが、東山山麓までは比較的平坦で、東海道の沿道には人家が建ち並んでいた。この一帯が「粟田口」で、粟田口の「口」は街道の出入り口を意味し、「京の七口」といって、同様の「口」が七カ所あったことになっている。もっとも、時代、人によって数も場所も、それに呼称も異なる。しかし、東海道の出入り口である粟田口だけは変わらない。粟田口の東端が「蹴上《けあげ》」で、ここから東山を越える山道になり、人家もたえる。旅人の送迎はこの坂下でおこなったもので、江戸時代には茶店や料亭ができていたが、利仁の一行が通った頃には、まだ何もない。

平治の乱を起こして誅せられた源義朝の子、義経（牛若丸）が、あずけられていた鞍馬寺をぬけ出し、陸奥《みちのく》に逃れたとき、手引きした金商吉次と落ち合ったのがここ、とするのは義経伝説で、史実ではなかろうが、人目をしのんで落ち合う場所としては、たしかにふさわしい。

蹴上からはじまる坂道を、俗に「姥ヶ懐《うばがふところ》」とよんだ。名の由来は不明。利仁の一行より少し遅れてここを通過した『蜻蛉日記』の作者、藤原道綱の母が近江の「唐崎祓」に出かけた折、ここを通り、日記に「山路となりて、京にたがいたるさまをみるに……いとあはれ」と書き記している。この一文を筆者は久しく読みまちがえていた。道綱の母が家を出たのは寅の刻（午前四時）、加茂川に着いた頃にやっと夜が明けている。すでにかなりの道のりをあゆみ、家を遠くあとにした、としみじみ感じたことであろう。粟田口を過ぎれば、都落ち。ひと気のない姥ヶ懐に至って心細くなり、その感傷が「いとあはれ」のことばになった――と思っていたのが、ちがった。本書の執筆に先立ち、『蜻蛉日記』（日本古典文学大系・岩波書店）を読み直してみると、註釈に、「洛外の滴るごとき万緑に鬱屈せる愁腸も一洗せられる思い」とある。道綱の母は、夫が一カ月以上も訪れてこないので、うつうつとし、近江の「唐崎祓」を受けに行くところで、姥ヶ懐のゆたかな緑と、静寂に、心がはれた、ということで、「いとあはれ」

とは讃嘆の表現だった。ここを、このようにルンルン気分で通り過ぎた人はめずらしい。

行く先も知らずに利仁のお供をした五位の男は、賀茂川を越えて、どこまで行くつもりか、と不安を感じ、粟田口も過ぎたので、いたたまれず、行く先は山科か、とたずね、山科はここで、行く先はまだ先、ときかされて、絶句。観念したように、利仁について行った——先出の問答は、五位が山科の地名を知っていたこと、しかし、訪れたことはなかったことを明かす。山科は都の近郷だったが、東山によって都とさえぎられ、実際には、近くて遠い里だった。

さて、こちらは江戸時代末期の話だが、大坂在住の女流歌人、横山桂子は京、奈良に旅し、その紀行記『露の朝顔』を著した。京に滞在中に石山寺に詣でており、その折、東海道を通った。もちろん、道はすでに整備され、往来もにぎわい、道行きに不安はない。彼女も早朝に都をたち、「白河てふ橋のほとり（粟田口）にて夜はやうやう明けはてた」。

昔の旅は、陽が明るいうちに目的地に着くために、出立が早かった。東海道を旅する者は、未明に都をあとにし、粟田口か山科あたりで夜明けを迎えたもので、多くの紀行文に山科の名が出るのも、旅の第一歩というだけでなく、旅の初日に山科で目にした日の出が印象的で、深く心に残ったからであろう。

さて、右につづく文。「粟田口、日の岡などをうちこえ行—山科てふ処に至れば道もなだらかにして、家ゐもまたすくなからず、かたへの道しるべに花山、小野寺など彫たるいとゆかし」。峠を越えて、山科盆地に至り、道も平坦、人家もあり、やはりほっとしたようすだ。しかし、それもつかのま、道はふたたび逢坂の関山にかかり、坂道がだらだらとつづく。険路ではないが、粟田山を越えてきたばかりの

東海道逢坂山越　左に走井

旅人にはこたえる。「粟田山こゆともこゆとも思えども猶あふさか《逢坂》ははるけかりけり」と詠んだのは平安歌人の喜撰法師で、逢坂にもまだ至らないのに、すでにうんざり顔だ。

さいわい、この坂道の途中に、山水がわき出すところがあり、「走井の水」の名で知られ、旅人に重宝されていた。道綱の母も「唐崎祓」と「石山詣」の折に、この水場でひと休みしている。江戸時代になると、この井戸を中心に茶店、土産店ができ、旅人が休憩を取り、買物を楽しめるようになる。土産物でとりわけ人気があったのが、藤娘、鬼の念仏、瓢箪鯰などの画題で知られる戯画の大津絵だった。

喜撰法師の歌に詠まれた「逢坂」は、山城と近江の国境をなす逢坂山の峠を指すのであろう。従来、ここに関があったと信じられ、現に、ここに「逢坂山関址」の碑が建つ。しかし、ここに関所があったわけがない。その話は追ってする。とにかく、ここを二度通過した道綱の母は、関については、一語もふれていない。この峠で「逢坂の関」を歌に詠んだ人物は数かぎりないが、ここで検問にあった、というような話は聞いたことがない。旅人はだれもが難なく通り過ぎている。

ちなみに、利仁の一行は、山科から近江の坂本にある三井寺に出たことになっており、「関山」を越えたものの、関所にはふれていない。彼らは山科から坂本の三井寺まで、近道となる脇街道をとったようだ。この街道のことも、あとでふれる。

先に、旅人の送迎は粟田口の蹴上でおこなわれた、と述べたが、別れをおしんで、逢坂山の峠まで見送りについてきた人もいた。しかし、同行もここまで。国境は簡単には越えられない。再会を期して別れたものの、古の旅事情では、別れれば、二度と会えるかどうかわからない。それを歌に詠んだのが蝉丸の「これやこのゆくもかえるも別れては知るも知らぬも逢坂の関」で、『後撰集』に載るこの歌は「小倉百人一首」にも取り入れられ、古くから人口に膾炙している。逢坂山を越える旅人はこの歌に共感、多くの類歌を詠んできた。

職務で東国に行くことになった南北朝時代の公家、二条良基は「報国の心ざしなれば、などか神仏もたすけざらん」と悲壮な覚悟で逢坂の関を越えている。同じ頃に関を越えた茶人の今井宗久も「三千里の外のここちして、ふるさとをわかれしよりなを心とまり侍る」と『都のつと』に記している。また、『十六夜日記』の阿仏はさすがに出家の身で、女ひとりで鎌倉まで行くというのに、「あふさかのせきこゆるほどに、さだめなき命はしらぬ旅なれど、又あふ坂とたのめてぞ行（く）」と、身を仏にたくし、帰国の可能性を信じ、けなげに峠を越えて行った。
一方、都にもどる人にとっては、もちろん、話は逆。逢坂山の峠までくれば、都にもどったのも同然、ほっとする。父の任地上総国から都にもどる旅の思い出をつづった『更級日記』の作者、菅原孝標女《すがわらのたかすえのむすめ》は「駿河の清見が関と、相坂の関」以外に心にとまるものはない、と述べ、逢坂の関に着いて、帰国を実感。感無量だった。

かつて、そんな交通の要衝だった山科も、今では影がうすい。山科の地位を一変させたのは、鉄道の開通だった。明治十三年、京都と大津をむすぶ国鉄ができる。現在の東海道線とは別の経路で、当時の技術では京都~大津を直線でむすぶトンネルを東山に掘れず、いったん伏見に南下し、東山の鞍部である深草から大亀谷越え（現・大岩街道）で勧修寺に出、そこから北上して逢坂山のトンネルを経て大津に入った。勧修寺から逢坂山まではちょっとした勾配があり、薪を燃料にしていた当時の機関車には文字通り荷が重く、ときにはあとずさりすることもあって、そんなときには、薪を大量に加え、火力を上げて、一気に登っていったということである。

現在の東海道線ができたのは大正十年のこと。徳富蘆花の『不如帰《ほととぎす》』に、主人公の武男と浪子が山科駅でたがいに気がつかずにすれちがう有名な場面があるが、この小説が書かれたのは明治末年で、二人のすれち

旧東海道線山科駅跡

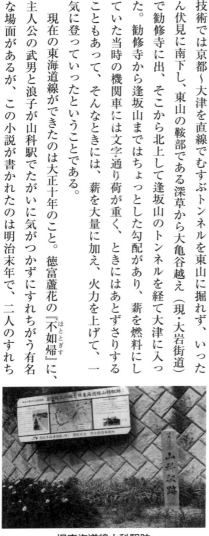

山科盆地を横断する名神高速道路

昭和三十年代の山科盆地北部

がいの場は旧線の「勧修寺停車場」だった。現在は名神高速道路と外環状線がまじわるところで、小さな碑が建つ。

旧線の盛土は久しくそのまま放置されていた。夏草が生いしげり、昆虫のかっこうの棲家と化し、筆者も子供の頃、よく虫捕りに行った。土手から目にするのは、農家が点在する田園風景だった。

この土手を利用して名神高速道路はつくられた。勾配はそのまま残り、大型トラックは上り線を息たえだえに登っていく。ドライバーの多くは、かつてここを汽車が走っていたことを知らないだろう。それに、消音壁で視野がさえぎられ、山科を通過しても、山科を目にしない、できない、というのが実情だ。

「勧修寺停車場」と、新しくできた「山科駅」の間には、盆地の中央を南北に走る街道が新設される。「竹鼻街道」（府道小野山科停車線。現在は醍醐街道とよぶ人が多いが、本書では当時の通称を用いる）とよび、路線バスが通り、街道沿いに商店街もでき、山科は一変した。近年、これに平行して走る外環状線ができ、さらに変化した。

なお、東海道線では長らく蒸気機関車が使われていた。新線にもゆるいながら勾配があり、上り列車の機関手は手を休めることなく石炭を罐《かま》にくべ、汽車は黒煙を上げて、ボッ、ボッと息も切れ切れに登っていった。トンネルに近づくと、乗客はいっせいに窓をしめたが、それでも煙が車内に入りこみ、むせた。また、真夏の雨の日の閉めきった車内はたえがたいものだった。

それに、終戦後しばらくは便数も少なく、車輌はいつも〝鈴なり〟の超満員。筆者も一度、入口の外にぶらさがって帰ったことがあるが、トンネル内で煙に攻められただけでなく、石炭カスの火の粉が顔にふりかかり、死ぬ思いをした。

志賀直哉旧居跡

もうひとつ問題は、東海道線は京都止まり。山陽本線は京都が始発で、山科から大阪への直行列車がなかった。筆者の職場が大阪にあったとき、山科にもどるのに、夜遅く京都駅で小一時間待つことはざらだった。今は直行で、便数も増え、電化し、車輌は冷房され、隔世の感がある。

山科には大正時代、安朱に路面電車の駅ができ、東海道に沿って走るその路線が三条大橋と大津をむすんでいた。国鉄の路線変更にあわせて、駅は現在地（現・京阪山科駅）に移り、駅周辺の開発がすすむ。そこに移り住んだのが志賀直哉だった。

志賀は大正十二年に千葉県我孫子から京都の粟田口に転居、

半年で山科の新開地に移る。瀧井孝作『志賀さんの生活など』（日本図書センター・平成五年）に、「山科駅から南に歩いて竹やぶのなかの細道ぬけて山科川の土橋をわたると、すぐに別荘づくりの一軒家で、前庭の柴垣の中いちめんが池になって鯉が多かった」と書かれている。「山科駅」とあるのはもちろん国鉄の山科駅でなく、京津線の当初の山科駅のこと。この頃、瀧井氏は京津線の「御陵前停留所」の近くに住んでおり、「大津電車」に乗って、志賀の家をおとずれたのである。粟田口時代の志賀は瀧井宅に日参、『雨蛙』を書き上げた。志賀の家は、山科の名士、第三次吉田内閣の国務大臣をつとめた大野木秀次郎氏の豪邸の背後にあり、今、旧居跡に「山科の記憶」と刻んだ石碑が建つ。ここで『瑣事』『山科の記憶』『痴情』『晩秋』など、一連の〃山科もの〃をものしたが、書かれたのは祇園の茶屋の女性との不倫話で、山科はその舞台にすぎず、土地の描写が少ないのが残念だ。私事ながら、わが家は志賀の家の南、ほど近いところにある。

ところで、志賀が山科を去った直後の大正十四年、山科の中央部の東野に、京都初のゴルフ場ができ、山科駅からゴルフ場に通じる道が、志賀旧居の横を走る形でできた。主要道である外環状線はこの道に沿って建設された。

その二年後、ゴルフ場の横に刑務所が都心から移転してくる。刑務所が建つほど、このあたりは過疎地だったわけで、事実、このあたりはかつて「野村」とよばれる草原だった。のちに東西に分かれ、「東野村」、「西野村」となり、今は「東野」、「西野」となっている。

わが家は東野の、その山科刑務所の北で、近年の大変革までは、ここに一軒、ぽつんと建っていた。

南に目をやると、地平線上に、京都と奈良の県境に位置する笠置山が見え、祖父が「山科富士」と称して愛でていたものである。今では想像もできないが、それほど山科は視野をさえぎるものがない、牧歌的な田園地帯だった。

ちなみに山科刑務所の初代所長が、わが祖父飯田高朗である。

二　山科の四至

さて、漫然と「山科の里」とよびならわしているが、四至（東西南北の境界）が判然としない。京地誌のはしりとなる中川喜雲の『京童』（明暦四年・一六五八）や、浅井了意の『京雀』（寛文五年・一六六五）では、山科はとりたてて話題にされていないが、北村季吟が山城の枕詞を書名にしたその名所名勝記『菟芸泥赴《つぎねふ》』（貞享元年・一六八四）ではじめて山科を取り上げ、「木幡より北藤尾、御廟野、花山などすべて十八郷の総名とぞ」とし、「山科」なる郷里はなく、右の地名に囲まれた地域――つまり、山科盆地内の里の総称としている。

　翌年、世に出た江戸時代中期の京都案内書『京羽二重《きょうはぶたえ》』（貞享二年・一六八五）も同様に、「山科里郡の名也」とし、加えて、「粟田口より相坂へ行中の間也」と述べ、東海道でいえば、粟田口と逢坂山にはさまれた区間とし、その通りにはちがいないが、かなりおおざっぱな規定だ。

　他方、釈白慧《しゃくはくえ》『山州名跡志』（正徳元年・一七一一）は「山科郷」と「山科里」を別扱いにし、「山科郷」は「日ノ岡の東に在り、今の郷内には多村あり」（原漢文）として、「日岡、陵《みささぎ》、四宮、安祥寺、竹鼻、音羽、小山、大宅、野村、花山、西山」と、盆地内の地を挙げ、「山科里」については、「十禅寺ノ地ヨリ東ヲ云フ。人家南北ニ双《ナラ》ンデ中ニ往還道アリ」と記す。十禅寺は粟田口にかつてあった寺で、「山科里」はここにはじまる、とするのは意外だが、元禄十四年（一七〇一）に成った『元禄十四年実測大絵図』では、たしかに「けあげ」の手前に「山科境」の表示がある。現に、東海道をへだてて蹴上浄水場と対峙する、日向神社（現・日向大神宮）のある一切経谷町や夷谷町は、今も山科の「飛地」になっている。

　そもそも、山科の「科」は〝穴〟、〝くぼんだ所〟の意で、「山科」は〝盆地〟を指す普通名詞にすぎない。北に大文字山山系、東に音羽、醍醐山系、西に東山山系の山があり、南部は開けているが、宇治川があって、この自然の境で

『元禄十四年実測大絵図』
「けあげ」の手前に「山科境」

囲まれた地が山科盆地で、北部の山を水源とする四宮川、音羽川、安祥寺川によって形成された、階段状の沖積扇状地なので、「山階」と表記することもある。山科で最初につくられた小学校―筆者の母校―が「山階校」。ただし、読みは「さんかい」となっている。奈良の元興寺はもと山科にあったので、「やましな寺」ともよばれ、古文書では「山階寺」と書かれることがある。

山科盆地が「山科」なら、その地域は東限が逢坂山峠、西限が粟田山峠、北限が北山、南限が六地蔵の地域、ということになるが、行政上はちがう。今日の山科には、「山科」という名の町村はなく、あるのは「京都市山科区」という地区名だけ。東は逢坂の上り口である追分、西は東山を越えた粟田口、南は盆地の中央の小野・勧修寺までで、以南は伏見区となる。

「山科郷」『山城国全図』部分（安永七年）

山科盆地が山科区と伏見区に二分されたのには、地形が関係している。中央部で東西の山がせり出してくびれ、ヒョウタン形をしていて、盆地が二つあるようなもの。昔は「北山科」、「南山科」とよび分けていた。早くに開けたのは宇治川に近い南山科で、宇治川は伏見を経て、淀川となり、難波に流れ入る。だから、早くから水運が開けていた。陸路も宇治から山科の石田に出て、山科盆地を縦断する道をとれば、北陸に至る。直進すれば伏見で、ここで山陽道と山陰道に分岐する。昔から多くの人がこの街

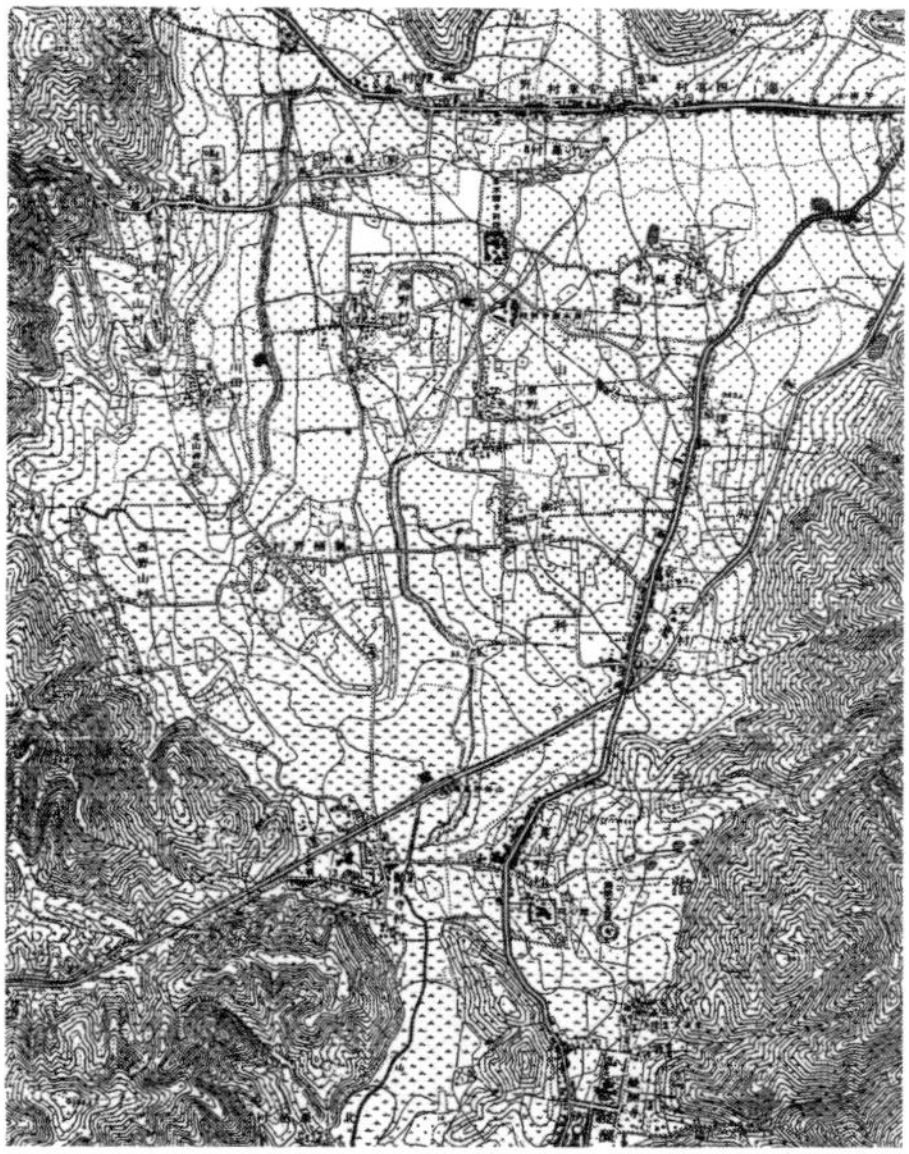

大日本帝国陸地測量部作製
「山科村図」部分（明治二十二年）

道を利用した。

余談だが、『東海道中膝栗毛』の弥次さん・喜多さんは、江戸から追分に着いたが、京に直行せず、縦断道（山科では奈良街道とよんでいる）をとって宇治に向かい、そこで観光。その後、宇治川沿いに伏見に行き、船で難波に到着。遊覧後、京に入っている。

もう少し時代を遡《さかのぼ》ってみると平安時代の山科を知る史料として、源順《したごう》が著した、わが国最初の分類体漢和対照辞書『倭名類聚鈔《わみょうるいじゅしょう》』（九三〇年頃撰進、別名『和名抄』）がある。全国の国郡を紹介する中で、山科にもふれている。それによれば、山城国は葛野《かどの》、愛宕《おたぎ》、紀伊、乙訓《おとくに》、宇治、久世《くぜ》、綴喜《つづき》、相楽《そうらく》の八郡から成り、宇治郡に宇治、大国、賀美、岡屋、餘戸、小野、山科、小栗の八郷があった。大正十二年に宇治郡役場が編纂した『京都府宇治郡誌』に解説があるので、それを基に説明する。

「宇治」は現在の宇治で、問題ない。「大国」は今の音羽、大塚、大宅、椥辻《なぎつじ》にあたるとし、昭和五年発行の京都府山科町役場編『京都府山科町誌』もこの見解を踏襲する。

「賀美」については、『京都府宇治郡誌』は「右の〝上郷《かみ》〟の意で、今の笠取」とする。醍醐山の裏手の笠取山の笠取で、岩間寺、石山寺に参る西国三十三所めぐりの巡礼路にあたり、早くから開けていた。「岡屋」は宇治に近い現在の五ヶ庄で、同地に岡屋小学校がある。古社の「許波多《こはた》神社」もあり、このあたり一帯を「木幡」と称する。古くに「木幡関」があって有名だったが、今のところ、関跡は不明。かつての木幡はもっと伏見寄りだったようだ。

「餘戸」は四ノ宮東の「餘古木（横木）」にあたる、と同誌はするが、『山科郷竹ヶ鼻村史』（燈影舎・昭和六十一年・非売品）をものされた佐貫伍一郎氏は、これはアマルベと読み、右掲の地名からはみ出した地で、現在の四ノ宮、安朱、小山、音羽、追分、横木を含むとしておられる。その是非は知れないが、四ノ宮あたりの地とみてよいのはたしかであろう。四ノ宮は東海道と旧北陸道の交差点、追分はその隣にあり、東海道と奈良街道の分かれ道の場として開けた。「追分」は、街道の分岐点で牛馬を追い分けることに由来する名で、同名の地は各地にある。

「小野」、「小栗（栖）」の地名は現存する。ただし、古くには、その地はもっと広大で、醍醐、栗栖野も含んでいたようだ。

なお、右掲『京都府山科町誌』は、古代の「宇治郡」の郷名として『和名抄』に載る八郷の名を挙げたあと、山科郷の村名として日岡、御陵、安朱、西野、東野、花山の六村を挙げ、「山科」の名はない。盆地である「山科」には次々と往還路ができ、道沿いには集落が生まれ、それぞれに郷名がつき、「山科」は縮小。早い時期に山科は残っていなかった可能性がある。一応、中世には名をとどめていた。

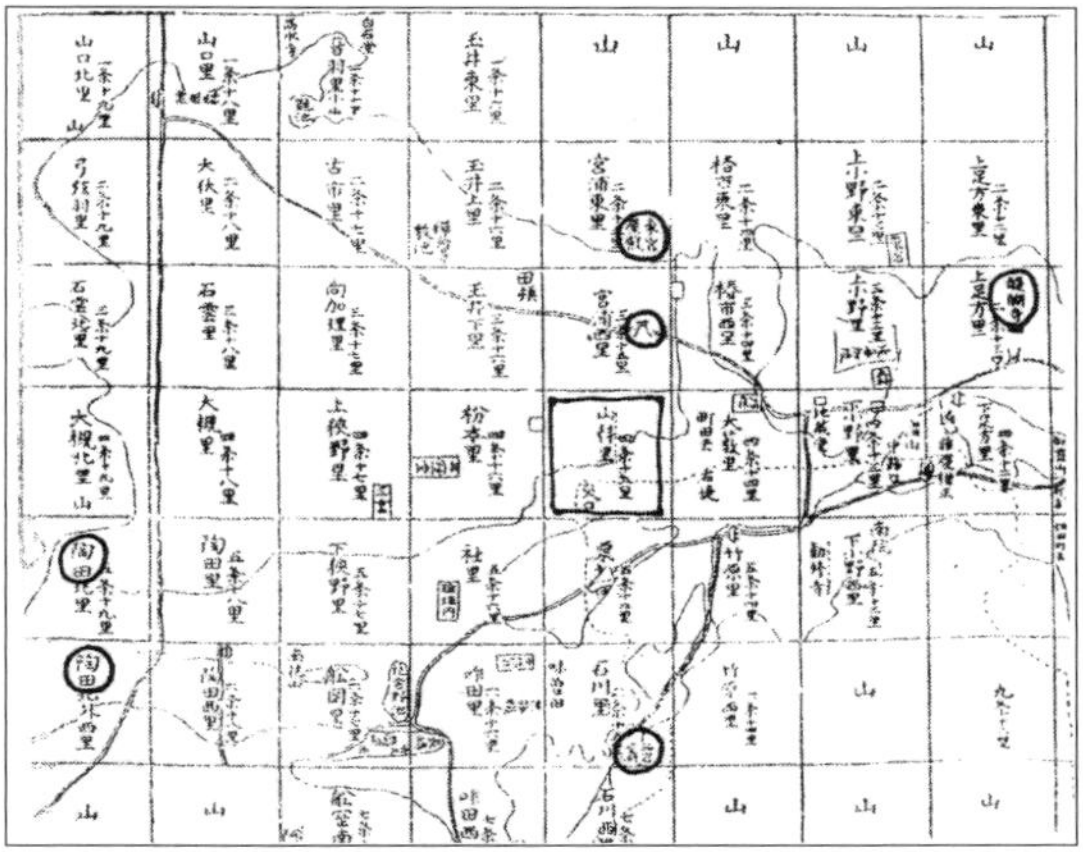

『山城国山科郷古図』　四条十五里

『山城国山科郷古図』は中世の山科の様子を知る好史料で、十二世紀頃に勧修寺の寺領の四至を示すために作成されたとされる。原本は存在せず、水戸の彰考館にあった模写の、そのまた写し——という点で、史料価値が落ちるものの、やはり貴重なものだ。地図は碁盤目に区切られ、山科の条里が示され、四条十五里が「山科里」となっている。東隣の三条十五里が「宮浦西里」で、奈良街道沿いに鳥居が描かれているのは、岩屋神社（後述）を示していよう。この近くに、現在、西浦町があり、「宮浦西里」に比定できる。それを基に推察すると、「山科里」は今日の東野にあたる。

その証左。文禄五年（一五九六）に三井寺をおとずれた『玄與《げんよ》日記』の作者、阿蘇惟賢《あそこれかた》は、「笠取山、日野、山科、音羽里などを通り、相坂を越、大津に出」ており、「山科」が日野と音羽の中間にあったことが、これで確認できる。

文久三年（一八六三）に上洛した将軍家茂のお供をして京に行き、『都紀行』をものした萩原貞宅は、追分のあと、「山科、藪の下、御廟野など過て……日ノ岡峠を過」ぎた、と書き記し、「山科」という地

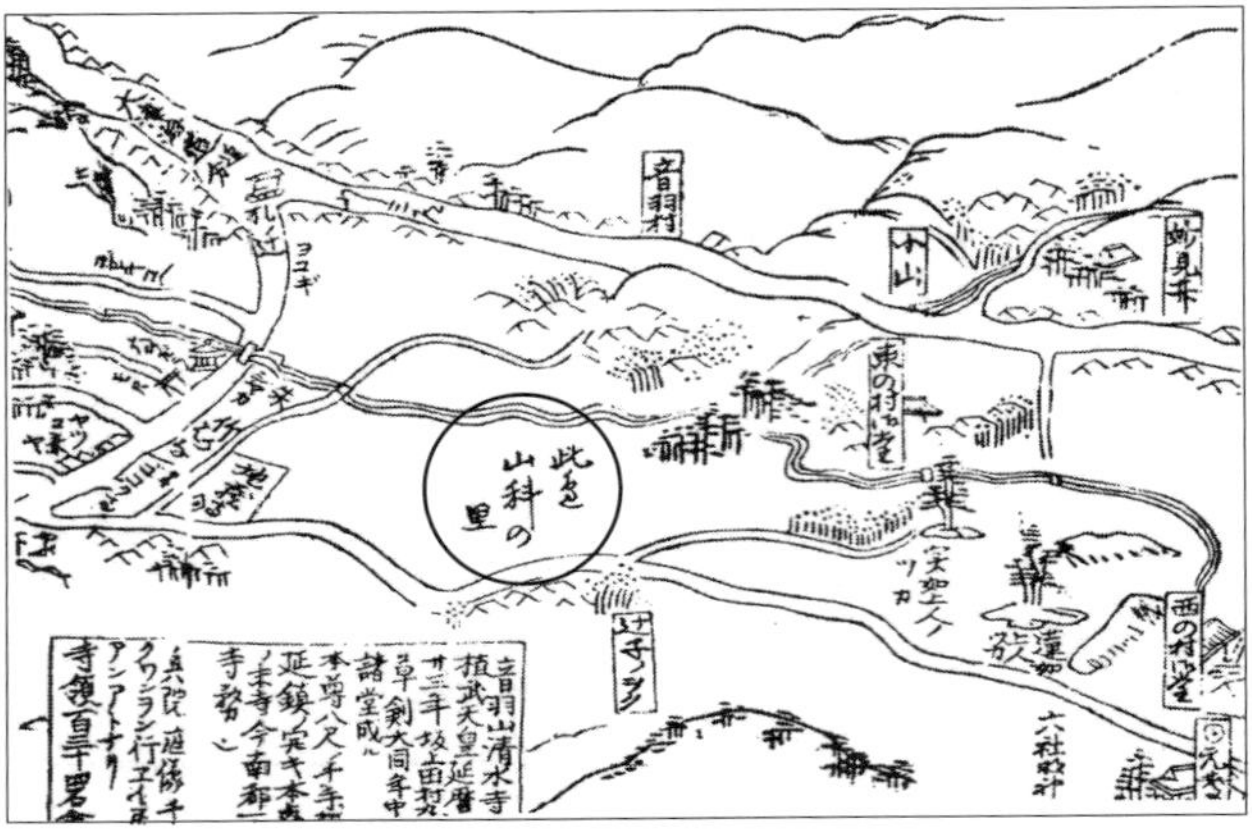

『京大絵図』（元禄四年）の「此辺山科の里」

名はこの時代にはまだあり、追分と日ノ岡の間とされている。

『新撰京都叢書』（臨川書店）に収められた『京大絵図』は、元禄四年（一六九一）版の、江戸時代中期の増補版（十七世紀版の十八世紀の増補版）で、その図の「実如上人の塚」の北に、「此辺山科の里」の書き込みがある。上人の塚は地下鉄東西線「東野駅」のそばにある。筆者が子供の頃は一面田んぼで、赤屋根、二階建ての柳池小学校の林間学校がひとつ、ぽつんと建っているだけだった。集落はなく、開拓されずに残った地が、「山科の里」と称されていたようだ。ここが農地に変わるのは、琵琶湖の水を京都に運ぶための運河──「琵琶湖疏水《そすい》」とよぶ──が明治二十三年に完成。その水を山科でも農業用水として利用できるようになったからだ。それでも、北の一部はくぼ地で、耕作不能で長らく放置されていた。それを蹴上の発電所建設のときに出た余剰の土で埋め立て（土地では「開拓」とよんでいた）、そこに五軒の家が建つ。その一軒がわが家で、これをもって山科盆地の「山科」は完全消滅した。

明治維新も山科を変えた。明治四年、廃藩置県が断行される。それにともない、宇治郡全体が四区に分けられ、各地域内では村々の合併編成が進められた。そして、同十二年施行の郡区町村編成法に基づく「組制」の採用により、北東部の十四カ村が第一組、西南部の十カ村が第二組とされ、この両者の統合を経て、二十二年、さらに抜本的な市制・町村制の施行時に、全村をひとつにまとめた「山科村」が成立。遅れて大正十五年に「山科町」となっている。しかし、町制施行直後から、町内では京都市との合併をのぞむ声が出て、次第に市編入の気運が盛り上がり、結局、昭和六年に京都市東山区に編入されることになる。

その後の山科を変えたのは、昭和四十五年の大阪万国博覧会開催を前にしておこなわれた交通網の整備で、新幹線が盆地のど真ん中を走ることになり、田畑を失う農家が出ただけでなく、地価高騰に誘惑されて田地を手放す者が続出。一方、名神高速道路の京都東インターチェンジが追分にでき、京都市内に入る五条バイパス（国道一号）も出来上がる。さらに、山科駅から宇治市六地蔵をむすぶ外環状線が開設され、交通の便が飛躍的によくなり、人や会社がぞくぞくと山科に移ってきた。かくして村はすっかり都市になり、昭和五十一年、東山区から独立し、「山科区」となって、今に至る。

人口推移にもその変化の様子が表れる。元禄元年（一六八八）の『京《きょう》羽《は》二重《ぶたえ》織留《おりどめ》』には、「山城国宇治郡山科郷の戸数六九二戸」とある。明治五年の調査で千百九十五戸。人口にすれば、五千人ぐらいであろうか。国鉄の北部移動と京阪電鉄京津線の開通にともなう駅前開発で倍増。それでも一万人強にすぎない。それが山科区になった年には人口十三万人にふくれ上がっている。

山科盆地を横断するJR東海道本線
（右手中央のガードが東海道）

それも、人口増加がとりわけはげしいといわれる醍醐、勧修寺地区は伏見区で、当然この数字に入っていないから、驚異的な増加といえる。

山科はすっかり変わった。

三　山科の概要

山科についての史料上の初見は、『日本書紀』天智天皇八年（六六九）五月五日条の、天皇が「大皇弟《ひつぎのみこ》、藤原内大臣、及び群臣」をともなって「山科野に縦猟《かり》」をされたことを伝える記事とされている。天智天皇は六年に近江遷都、七年に正式に即位。その翌年のできごとで、前年の同じ五月五日には同じ顔ぶれで「蒲生野《かもうの》に縦猟」をしておられる。古来、五月は縁起の悪い月とされていたため、薬草をつんだり、菖蒲酒を飲んだり、種々の邪気払いをしたもので、天皇の「縦猟」も〝遊猟〟でなく、狙いは薬食用の鹿の袋角だった――とされている。

猟場の「山科野」は、北山科の「野村」を指すようだ。名の通り、野原だったところで、鹿が棲息していてもおかしくない。現に、いた。平安時代末に成立した『夫木和歌抄』（『夫木集』）に、詠み人知らずの「山城の山藤尾にふす鹿の朝ねしかねて人にしらるる」という歌が載る。藤尾は本書の冒頭でふれた、利仁が赤鼻を連れて通った小関越え道沿いの山村で、ここをねぐらにした鹿の餌場が野村だったのでは――。

江戸時代末期にもまだ鹿は山科にいたようで、原田光風『及瓜《きゅうか》漫筆』が「京の鹿」として、八瀬、鞍馬などとともに、山科の名を挙げている。

鹿だけでなく、狼もいた。江戸時代初期に奈良街道を通った飯塚正重は、大塚について、「芝山有、大塚山とて山犬多く有といへり」と紀行記『藤波記』に記し、山犬とは狼のことである。

さらに勧修寺から伏見にぬける大亀谷越えの道について、「狼谷と云山のあひだを行、此処に狼多しと云」と述べ、街道名を「大亀谷」でなく、「狼谷」としている。ちなみに、江戸時代後期の京都の地誌『都名所図会』は、この街道の茶屋に「お亀」という評判の女がいて、それが名の起こり、とするが、正しくは「大神谷」だろう。伏見区に入るが、街道沿いに巨石をまつる「大岩大神」の社があり、現在は「大岩街道」とよんでいる。この谷間をかつては国鉄、今は名神高速道路が通る。

なお、正重が、山科に狼がいるとするのは伝聞で、鵜呑みにできないが、醍醐の住民である中山三柳の著した『醍醐随筆』（寛文十年・一六七〇）に、小栗栖に狼が出没し、村人を悩ませていたのを、山科の竹藪で明智光秀を討ち取った小栗栖の作右衛門の子、幸兵衛が退治した武勇伝を載せているから、やはり狼がいたのは本当らしい。

肉食獣の狼がいたということは、換言すれば、餌となる動物――鹿や兎、雉《きじ》などがいたということで、山科は狩好きの天皇の猟場になっていた。平安京を開いた桓武天皇はとりわけ無類の狩好きで、平安時代編纂の『日本紀略』に従えば、遷都後、日野で八回、栗栖野で三回、〝遊猟〟しておられる。いずれも南山科の地で、中央の低湿地には水鳥が、周辺の丘陵地には雉や鶉《うずら》がいた。これらは鷹で狩る。桓武天皇といわず、諸天皇が愛好したのは鷹狩だった。鷹狩は貴人の娯楽で、庶民には許されておらず、たびたび禁令が出ている。ということは、容易に守られなかったということだ。

『伊勢参宮名所図会』の「日岡嶺《とうげ》図」には、道脇に腰かけ、手をかざして東山に沈む夕陽をながめる貴

「日岡嶺図」『伊勢参宮名所図会』

人が描かれ、『続古今集』に載る土御門院の「こし鷹のすゑしの原狩くれて入陽の岡にきぎすは鳴くなり」の御製が添えられており、当の上皇と知れる。そばに鷹匠がひかえ、山科の里で鷹狩を楽しんだあとの、帰宅途中の情景であろう。画面の隅に、暗示的にキジが描かれている。

醍醐天皇の出生についても、山科の鷹狩の話がまつわるが、それは別の話題とする。

かなりの数の天皇が山科に狩猟にこられているので、山科は朝廷の禁猟地だった、と先学はみるが、筆者自身は疑問視する。平安時代に編纂された史書『日本三代実録』の陽成天皇元慶六年（八八二）十二月二十一日条に、山城、大和の禁猟区を定めたことが記され、その中に、すでに天長年間から禁猟区に指定されている地として、北野、大原野、栗前野、芹川野、それに栗栖野の名が上がる。その栗栖野は「愛宕郡栗栖野」で、「宇治郡栗栖野」ではない。

音羽川が氾濫し、水が引いた後の様子

いずれにしろ、これらの地は縄文時代から狩場であったようだ。山科には狩猟民であった縄文人の遺跡が複数ある。北東部の丘陵裾野の芝町遺跡、その南の大宅遺跡、南西部の勧修寺遺跡など。とりわけ注目されるのが、新幹線の建設の折に見つかった「中臣遺跡」で、百回近くにおよぶ発掘で、縄文時代、弥生時代、さらにはそれにつづく時代の遺物が大量に出土した。筆者も最後の二回、〝掘り方〟として参加、多くの土器や住居跡を掘り出している。鏃《やじり》もひとつだけだが見つけた。場所は大亀谷街道の入り口で、交易にも便利な場所にある。

　北山科には、末は合流して「山科川」となる四宮川、安祥寺川、音羽川があり、水にはめぐまれていそうなものだが、実際は水不足だった。原因は水源が近すぎたこと、大雨が降れば鉄砲水、少し日照れば渇水、というありさまで、近年に改修工事がおこなわれるまでは、手に負えない暴れ川だった。

　とりわけやっかいだったのが四宮川で、二つの異なる水源から流れ出る渓流が四ノ宮で合流し、しばしばここで氾濫、河原をつくり、「四宮河原」は東海道を往来する人々の間では名が知れていた。『伊勢参宮名所図会』の「四宮川図」では、すでに石橋が設けられ、旅人や商人、飛脚、それに赤子を背負った女の子までが、難なく越え、柴らしいものを背負った牛は川中を横切る。治水はそれなりにおこなわれているが、油断のならない川だったことは、たしかである。

安祥寺川は、今は安祥寺山からまっすぐに南に流れるが、旧安祥寺川は東海道まできて、直角に西に折れ、天智天皇陵に向かい、そこで左折し、川田、西野山を経て、山科川に合流——すべきはずが、大日本帝国陸地測量部が明治二十二年に作成した「山科村図」では、川は川田で自然消滅している。水流は常時あったわけではなかった。地名は「川田」だが、水田ができたかどうかは、おぼつかない。

音羽川も近年までは川幅の狭い、蛇行した天井川で、水のないときの方が多かった。しかし、いったん雨が降ると濁流となり、洪水のおそれがあった。現に、筆者は洪水を体験している。わが家は土手のそばにあり、伊勢湾台風のときだったと記憶するが、家の裏で土手が決壊、濁流は下流の田畑を呑みこみ、あとに広大な河原を残した。こんな水害は過去にもあっただろう。このときは、当時まだめずらしかったブルドーザーが出動し、短期間で復興は成ったが、昔のように人力でやっていたのでは、何年かかったかわからない。

野村が農地化するのは、先にふれたように、疏水ができ、その水を農業用水として利用できるようになったおかげだが、実は、疏水建造の話が出たとき、山科の住民はこぞって猛反対した。水路が北山の中腹で、決壊をおそれたからである。最終的に受け入れたのは、山科に水を分けてもらえることになったからだった。水の取口は三カ所で、東の取口は一燈園の近くにあり、四宮川に流れ入るようになっていて、それを下流の村々が利用した。その辺の事情を詳述した「音羽水路記念碑」が、今、音羽の音羽

音羽水路記念碑

病院の敷地にある。

事実、村人の心配したことが、現実となったことがあった。昭和五年一月十八日、疏水の堤防の一部が天智天皇の御陵の裏手で決壊、奔流が北花山の民家、田畑をおそった。大津側の水の取口を閉めて、水は数時間で引いたが、「浸水の田畑は約二十町歩」と、前出の『京都府山科町誌』は記す。山科開発以前の、過疎地での災害で、田畑の被害だけですんだが、同じことが今起これば、大変なことである。

山科の自然災害に関しては、『日本紀略』が、古く天暦三年（九四九）に、「粟田山路」がとつぜん崩れ、車馬の往来が困難になったことを伝えている。近いところでは、文政十三年（一八三〇）にも山崩れがあった。それについて、江戸時代後期の歌人、城戸千楯が『紙魚室雑記』で、「七月十八日　大雨。逢坂山崩れ、大道埋り、往来留る……淀、伏見、六地蔵洪水のよしなり云々」と報じている。大津街道、山科御廟野辺は竹筏で往来した由である。

そんな旅人の苦労を見かねて立ち上がったのが江戸時代中期の

音羽川決壊後の河川改修工事

木食僧養阿が設けた「亀の水」

木食僧養阿《もくじきそうようあ》で、ひとりで道の改修をおこない、粟田山峠のそばに休憩所「梅香庵」を建て、水飲み所もつくった。「量救水《りょうぐすい》」とよばれ、石造りの亀の口から水がしたたり落ちるようになっており、現存する。しかし、利用する旅人はもはやいない。

量救水のある街道はかつての東海道で、現在の三条―大津間（京津国道）は、明治八年に京都府が大改修し、古い東海道より十メートル近く掘り下げたもの。坂下の日ノ岡に修路碑が建っている。

しかし、暴れ川がもたらしたものは負債だけでなかった。氾濫した川水はあとに石だけでなく、土砂も残す。特に、途中で水涸れした旧安祥寺川は良質の粘土を残し、これが陶土となった。山科の縄文人や弥生人はこれで土器をつくった。山科でも、とりわけ日ノ岡から花山、川田にかけた地域でよく陶土がとれた。前出の『山城国山科郷古図』では、天智天皇陵の南の地――正確にいえば、五條、六条の十八、九里が「陶《すえ》田里《たのさと》」となっている。近くには、飛鳥時代のものとされる「日ノ岡堤谷窯跡」がある。

また『日本書紀』には雄略天皇十七年（五世紀後半）三月二日条に、天皇が土師連《はじのむらじ》らにみことのりして、「朝夕の御膳《みけつもの》をもる清き器をたてまつらしめよ」といわれたので、土師連の祖の吾笥《あけ》が「摂津国の来狭狭《くささ》村、山背国の内村、俯見村……の民部《かきべ》」をたてまつったことが述べられている。「俯見」は「伏見」

だろうが、「内村」は『和名抄』に載る綴喜郡有智《うち》郷とみる説、宇治とみる説があって、確定していない。筆者としては、〝宇治郡の山科〟とみたい。山科には土師氏がいて、土師器をつくっていた。

さて、日ノ岡の陶土の話にもどる。『都名所図会』の粟田口の「東岩蔵眞性院」の説明箇所に、「当山の土は陶工に可なり。粟田焼、清水坂の土器等、此地の土を用いる」とある。「清水坂の土器」は清水焼をいうのだろうが、清水に隣接する清閑寺（地名）でもかつては焼物をつくっており、ここが久しく山科領だったのは、山科の陶土を使っていたからであろう。

四　都城の鎮護

桓武天皇は人心一新をはかって、都を奈良から山城《やましろ》（背）国の長岡に遷されたが、造営なかばで責任者の藤原種継が暗殺され、結局、予定を変えて、新都は葛野につくられ、「平安京」と命名された。その名に、平安を乞い願う天皇の心情が如実に映されている。それを思えば、平安京を「鎮め護る」こと

大将軍（大将軍八神社）

は、天皇にとって最優先といってもよい課題だったはずで、事実、遷都にあたって、都城鎮護の目的で、都の四方に将軍像と仏典が配置されたと伝えられている。

「将軍」は、正しくは「大将軍」で、陰陽道でいう西方の神、宵の明星のこととされ、この神を祀る大将軍八神社が上京区西町に現存する。神像は中国風の甲冑を身にまとった武将の姿で、それが神名の由来であり、王城の防衛を託された由縁であろう。

当地は平安京の大内裏の西北角にあたり、中国の陰陽道では、この方角を「王門」と称し、唐の都、長安の王門では大将軍が祀られていた由。それにならったものであろう。社では、方除守護の神としている。東北には、相対するように晴明神社があり、陰陽家である土御門家の祖、平安時代中期の天文陰陽博士、安倍晴明が祀られており、大将軍を奉斎したのは陰陽家だったようだ。

大将軍を祀る社はほかに、三条大橋東詰めの大将軍神社、それに洛北の今宮神社、洛南の藤森神社の境内末社「大将軍社」があり、これらが遷都の折に都の四方に祀られた大将軍とされているものの、うたがわしい。まず今宮神社だが、創建は遷都から二百年後のこと。疫病の流行に際して、疫神社として建てられたのがはじめ、とされている。藤森神社は深草一帯の産土神を祀り、古社だが、末社の大将軍神社は中世の造営とされ、年代的に新しい。

というわけで、この四社のすべてがそうだと確認できているわけではないが、平安遷都にあたって、都の四方に大将軍を祀ったという伝承自体は、史実とみてよかろう。

ところで、注目されるのが、東山三十六峯中の、二十三峯長楽寺山頂（京側の山麓が円山公園）に、将軍塚とよばれるものがあり、これも平安遷都の折に大将軍を祀ったところとされている。都人はこれを、平安時代初期に蝦夷征伐を果たした征夷大将軍、坂上田村麻呂の墓としてきた。伝説では、田村麻呂は、頭に甲冑、手に弓矢、腰に太刀をつけ、都を守るべく、都に背を向けた立ち姿で葬られ、国難があれば、塚を鳴動させて知らせる、といい伝えられている。しかし史実としては、田村麻呂は弘仁二年（八一一）に粟田口の別業で亡くなり、時の天皇、嵯峨天皇が、その功労にむくいるべく、墓地として「山城国宇治郡地三町」を賜っており（『日本後記』）、墓は今も山科の東栗栖野にある。したがって、将軍塚は田村麻呂の墓ではない。察するに、平安京鎮護を託された「大将軍」の祭場であろう。都人にとっては、「大将軍」とは「征夷大将軍」、つまり、坂上田村麻呂にほかならなかった。なお、将軍塚の現住所は山科区厨子奥となっている。

話ついでにいえば、「勝軍地蔵」なるものもある。本来は「将軍地蔵」で、大将軍と地蔵信仰がむすびついたもの。像は、甲冑をまとい、手に剣をもって、軍馬にまたがる姿で、乗馬姿でなければ、大将軍そのものだ。これが、「将軍」が「勝軍」につながることから、武士の間で人気をよび、中でも有名なのが清水寺の勝軍地蔵で、『清水寺縁起』にこれにまつわる、次のようなエピソードが述べられている。

奥州の蝦夷討伐を命ぜられた征夷大将軍坂上田村麻呂は、出発にあたって、清水寺の延鎮法師に戦勝祈願を依頼。延鎮は地蔵と毘沙門天をつくり、それぞれに「勝軍」「勝敵」と名づけた。一方、奥州の戦場では官軍が苦戦。そこへひとりの比丘と、ひとりの少年が現れ、矢を拾って官軍に与え、それで官軍は勝利した。帰京後、田村麻呂が清水寺にお礼に参ると、勝軍地蔵と勝敵毘沙門の二尊の脚に戦場の泥がついており、比丘と少年の正体が知れた——。

『清水寺縁起』は、寺の創建についても語り、そこに山科のことが出てくるので、余談だが、紹介する。遷都直後のこと、大和国の僧、延鎮（当時は賢心）が木津川沿いに山城に向かっていると、黄金色の光が見えたので、その源をたずねると、清水のそばに行叡という名の隠士がいた。そしてあなたを待っていた、霊木で千手観音をつくって祀るのが悲願だが、いまだ果たせずにいる。用があって出かけるので、霊木を保管し、万一帰ってこなければ、わが遺志をついでほしい、といい残して去り、もどってこなかった。後に山科の音羽山で行叡の沓《くつ》が見つかり、彼がここで遷化したことが知れた。延鎮は彼の遺志をつぐことにしたものの、なかなか果たせなかった。そこへ登場したのが、病気の妻の薬喰いにするために鹿狩にやってきた坂上田村麻呂で、ことの次第を聞き、殺生戒を犯したつぐないに、件《くだん》の霊木で観音像をつくり、延

坂上田村麻呂之墓

東岩倉山眞性院（○印）

鎮と協力してそれを納める寺を建てた。これが清水寺である——。

この故事により、音羽山の法厳寺は清水寺の奥の院とされた。有名な清水寺の「音羽の滝」の名は、山科の音羽山の滝に由来する。「音羽の滝」を詠んだ古歌は多いが、清水の滝か、山科の音羽の滝か、どちらを詠んだのか知りがたい。ただ、『夫木集』に収まる中務《なかつかさ》親王の「なる神の音羽の滝やまさるらん関のこなたの夕立ちの空」は逢坂の関に近い滝を詠んでおり、山科の音羽の滝と知れる。

次は経典の話。経典を納めたところを「岩倉（岩蔵）」と称し、かつて蹴上にあった東岩倉山眞性院、今もある右京区の西岩倉山金蔵寺、京都北部の地、岩倉の大雲寺、下京区の「南岩倉」松原不動がそれとされるが、その通りだろう。都の四方にうまく配分されている。

眞性院については、『都名所図会』に、「神明宮左の山上にあり……むかし王城の四方に経王《きょうおう》を蔵《おさ》める。其石蔵《いわくら》の一つなり」とある。「神明宮」は現在の「日向大神宮」のことで、隣接地が「一切経谷」。「一切経」とは、仏教関係の典籍を集成した「大蔵経」の別名で、地名はここに岩蔵があったことを明かす。この地が、現在、「山科の飛地」であることは先述の通り。山科は平安遷都時から、都の防衛にひと役買ってきた。

眞性院に対峙する金蔵寺は、西山の岩倉山の中腹にあり、当寺にも勝軍地蔵がある。この仏像は、もともと、修験道の霊峰である愛宕山の神、迦具土神《かぐつちかみ》の本地仏として祀られていたが、明治維新の神仏分離で山をはなれ、金蔵寺で祀られることになったもので、修験道系の神仏習合の地蔵ということになる。ちなみに、東山連峰の第八峯、瓜生山の麓の勝軍山にもこの地蔵が祀られている。その歴史はつまびらかでないが、都城鎮護の大将軍信仰とかかわりをもつようだ。

さて都の四方といえば、一説に、平安遷都にあたり、「妙見」が祀られたとされる。この「妙見」は仏教の妙見菩薩でなく、道教——といっても、老子を教祖とする道教でなく、いわゆる「民間道教」が最高神として崇める妙見尊のこと。北極星、または北斗七星を神格化した神とされ、「北辰尊」が通り名となっている。

なお、「民間道教」だが、教祖はおらず、宗教とよべるかどうか、おぼつかない。古代中国人の生き方を律してきた規範で、陰陽五行説や神仙思想を加味し、不老長生の術をもとめ、符術、祈祷などをおこなってきた。わが国には招来されなかったように思われているが、実際には伝来し、われわれの生活に深く根づいていた。かの地の呪符の中で、わが国でとりわけ人気があったのが、招福除災を謳う「鎮宅七十二霊符」で、「鎮宅霊符神」なる神まで生んでいる。ただし、明治新政府が発した淫祠禁令によってさびれ、今では、その存在を知る人はあまりいない。筆者の知るかぎりでは、奈良市内に神社がひとつ残っている。

　北辰尊は国土を守り、災害をのぞき、悪人をしりぞける、といわれ、朝廷でも篤く信仰、三月三日に北辰尊に灯明を献ずる「御灯《みあかし》」は、平安時代には重要な行事になっていた。この北辰尊の信仰の考証をしたのが、江戸時代の十念寺沢了で、その著書『鎮宅霊符縁起集説』に、妙見を祀ったところとして、北山の霊厳寺、山科の妙見堂、西山の寂照院の西方にある妙見山、北岩倉の妙見山、西九条の長見寺にある妙見石を挙げる。山科の妙見堂は今も大塚にある。ひと昔前までは、日ノ岡の量救水の横から、妙見堂に通じる一本道の「妙見街道」が、〃野村〃を東西に貫通する形で走っていた。わが家の前の小道がそれであるが、今では密集した人家に取りかこまれ、五条バイパスによって分断され、「街道」の体をなさない。

山科妙見堂

　山科に住んでいても、ほとんど知る人のないこの〃妙見さん〃を筆者が知っているのは、ちょっとわけあってのこと。妙見堂は尼寺で、先代のご住職の好物が柿。たまたま、わが家の前を通りかかり、庭の柿に目をとめ、ご所望になった。爾来、毎年、木箱一杯分の柿をお分けしてきた。実は、筆者が〝女の坊さん〟を目にしたのはこのときがはじめてで、そのおどろきが今も思い出として残る。

そして、今ひとつふれておかなければならないのが地蔵信仰だ。『源平盛衰記』巻六に、後白河院の近臣で、鹿ケ谷での平家打倒謀議に参加したことで名の知れる西光法師（藤原師光《もろみつ》）が保元年間（一一五六～一一五八）に七道の辻に地蔵を祀ったことが語られている。七カ所は四宮河原、木幡《こはた》の里、造道《つくりみち》、西七条、蓮台野、みどろが池、西坂本で、七カ所としたのは、仏教では、七仏、七衆、七宝、七宗、七識、七賢など、何でも「七」でまとめるならいで、これもその伝といってよい。後年、六カ所で祀ったり、六体を一組として祀ることになったのは、地蔵は六道の衆生を救済する、とされたからである。

「木幡の里」の地蔵とされたのが、山科盆地の南端の地、六地蔵（伏見区桃山町）にある大善寺の地蔵で、平安前期の学者、小野篁《たかむら》が冥土で生身の地蔵尊を拝し、蘇生したのち、一本の木から六体の地蔵像をつくって安置したのが起こりと伝え、『源平盛衰記』の語るところとは相違するが、それはそれ、地名の六地蔵は、この六地蔵に由来する。

「四宮河原」の地蔵は、四ノ宮の徳林庵の地蔵堂のことで、『都名所図会』では「廻《めぐり》地蔵」として紹介され、「小野篁の作にして、七道の辻のひとつなり。平清盛の命ありて、西光法師の建立なり」の説明がつく。

六地蔵（大善寺）

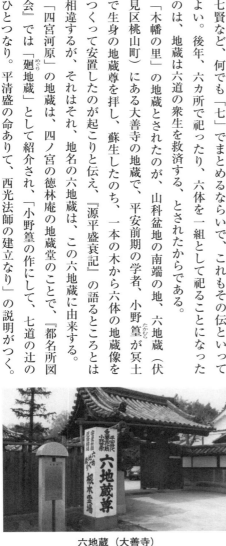

東海道に面しているので、古くから人々になじみ、親しまれてきた。

『宇治拾遺物語』巻五の一に「四宮河原地蔵事」という話が載る。四宮河原に住む男が地蔵を彫り、開眼せずに箱におさめ、すっかりそのことを忘れてしまっていた。三、四年過ぎたとき、夢で、だれかが街道で地蔵に、地蔵会に参りましょう、と誘う声がし、「目が見えないので、行けません」とことわる地蔵の返事が聞こえて、自作の地蔵像を思い出し、急ぎ開眼した——という話。

四ノ宮の地蔵堂は、東海道と旧北陸道の交差点にあり、ここはまさに「七道の辻」のひとつだった。その近くの地名が「四ノ宮大将軍町」なのが気にかかる。かつて、ここにも大将軍が祀られていたのであろうか。ちなみに、妙見堂はこの南の、ほど遠からぬ山手にある。

ところで、地蔵菩薩は〝お地蔵さん〟と親しみをこめてよばれるように、人気抜群の仏だ。その素性は——。釈迦入滅から弥勒菩薩の出現までの中間期、即ち、無仏の時に、この五濁の世に出現、六道の衆生を救済する菩薩とされ、末法思想が盛んになった平安時代末期から鎌倉時代にかけて、急速に信仰されるようになった。そのうちに民間信仰とむすびついて、多様な形の信仰が生まれてくる。そんな中で〝お地蔵さん〟はとりわけ身近で、道祖神や庚申塔などと並んで街道筋に立つ、いわゆる〝路傍の石仏〟の仲間だ。辻に立つ意味は何なのか。

昔人は、邪鬼——とりわけ疫神は人並みに道をたどってやってくる、と考え、その侵入を辻で阻止しようとしたものである。その趣旨でおこなわれた祭式が、律令制の規則集である『延喜式』で神祇が朝廷が四時祭のひとつとしておこなうべきもの、と規定する「道饗祭《みちあえのまつり》」で、これについては、令の解説書である『令義解』に次の説明がある。「卜部等、京城の四隅の道の上において祀る。言ふは、鬼魅《きみ》の外より来るものをして、あへて京師に入らざらしめんと欲す。故にかねて道にむかへて饗《あへ》しとどむるなり」。つまり、道をたどってやってくる鬼魅を、辻で迎え、供応し、満足した鬼魅に、そこから引き返してもらおう、というわけである。これは恒例の祭礼で、実際に疫病が発生すると、「疫神祭」の名で、臨時祭としておこなわれた。『延喜式』に、「宮城の四隅の疫神祭」「畿内の堺十処の疫神祭」とあるのがそれ。山科は「畿内の堺十処」のひとつにあたる。山城と近江の堺であるその山科で祀られた地蔵のつとめは降魔だったはずだ。

山科は交通の要衝とされてきた。それはその通りだが、交通の要衝のゆえに、鬼魅を払う地でもあった。都城鎮護をはかる朝廷にとって、山科はとりわけ重要な防衛の地だった。この事実がこれまで等閑にされている。

五　皇室の御料地

山科のユニークさは、江戸時代を通じて、領主が天皇であったこと。山科はいわゆる「御料地」で、封建時代を特徴づける大名、藩主とは無縁だった。もっとも、天皇が領主だったとはいえ、もちろん、天皇自らが行政にたずさわられることはなく、運営は幕府の京都代官がおこなった。ただ山科の年貢が、他とはちがい朝廷の財源になったというだけのことで、現実には、郷民の生活そのものは、他郷のそれと変わりはなかっただろうが、それでも郷民が「天領の民」であることを誇りにしてきたのは事実で、それが郷の結束を高めた、ということはいえよう。

京都代官は、延宝八年（一六八〇）に小堀仁右衛門正憲がつとめてから、小堀家の世襲するところとなり、幕末までの二百年間、山科は小堀家の支配するところだった。正憲の伯父が、遠州茶道の祖で、造園家として有名な小堀遠州である。

山科の地を朝廷に贈ったのは徳川家康だった。天下を取ると、大名の所領を没収、再配分したが、その際、長引いた戦乱で困窮のきわみにあった朝廷に一万余石を献上、その六割を山科郷が占めたという。それだけでなく、山科にある京都橘女子大学の先生方が共同執筆された『洛東探訪 山科の歴史と文化』（淡交社・平成四年）によれば、家康の子、秀忠が、その子家光の将軍襲職の祝いとして一万石を禁裏に献じ、これを先の本御料にたいして新御料といった。五代将軍綱吉も一万石余を贈り、これを増御料といい、江戸時代中期の御料地は約三万石あったということである。

その御料地はどこだったのか。『京都府宇治郡誌』によれば、明治時代の廃藩置県以前における山科の御料地は小山、音羽、大塚、東野、西野、四宮、竹鼻、御陵、大宅、厨子奥、北花山、上花山、髭茶屋、椥辻、日岡、川田、上野八軒で、これらは大宅を南限とする、盆地の北半分、つまり「北山科」の地で、さらにいえば、公卿の中でも別格の家柄とされた「羽林家《うりんけ》」のひとつ、山科家の山科領に相当する。

山科家は、内蔵寮《くらりょう》頭と御厨子所《みずしどころ》別当を世襲してきた。山科郷は平安時代から山科家の所領だが、もとはといえば、朝廷領だった。山科家の山科領は、下剋上の戦国時代に権力者に横領され、家康が天下を取った頃には、山科家が知行する地はほとんど残っていなかった。将軍になった家康が幕藩体制を築く中で、新しく知行地給与がおこなわれ、山科家の知行のおよばない地が朝廷に贈られたものである。

ちなみに、他地区は、安朱が毘沙門堂、醍醐と日野が三宝院、六地蔵が伏見奉行の所領。小栗栖は禁裏と毘沙門堂、勧修寺（地名）は勧修寺（寺名）と三宝院、小野は随心院と三宝院、石田が徳川家と毘沙門堂の共有領で、朝廷がらみの寺院が多かった。

ところで、「料地」とは、何かの目的に使う土地のことで、その意味での御料地は、平安時代からあった。『延喜式』内膳司の項に出てくる園韓神祭《そのからかみのまつり》の祭料用の「御園十四座」はその一例で、その中に「山科園一座」が入っている。ほかは京北園二座、長岡園三座、奈良園三座、羽束志《はつかしの》園三座、奈癸《ないきの》園一座、政所一座。それぞれの御園がどこにあって、何を植え、そして、なぜ各地にちらばっているのか、など不明な点があるが、とりあえずわかっているのは、園地の総面積は三十九町五段二百歩で、山科園が九段。園韓神

門跡寺院であることを示す菊の紋章をつけた醍醐の三宝院の唐門

祭に必要とした雑菜は「三斛《こく》」。そして、これとは別に、山科園は五月五日節に「早瓜一捧」を進上することになっていた。早瓜は「もし実がなければ、花根を献ずべし」とあり、食用でなく、供え物であったようだ。

山科園の所在地だが、明治三十年刊行の『山科郷史』(『新撰京都叢書』臨川書店)は、四ノ宮と竹鼻とする。前者は「四宮河原」の名があるように、荒地。後者は竹藪の多かったところで、御園がわざわざこんな地に設けられたとは考えにくい。六地蔵に「御園」の地名があるので、ここが旧地ではないか。

宮中では夏に氷を食する風があり、その氷を貯蔵しておくところを氷室《ひむろ》といい、そのひとつは「栗栖野」にあった。勧修寺の庭園を「氷室池」というので、ここをそれとするむきがあるが、『延喜式』主水司の項に「愛宕郡栗栖野」と明記され、それなら北区西賀茂氷室町か、衣笠氷室町が該当しよう。

一方、同じく『延喜式』木工寮の項には、「小野、栗栖野の両瓦屋より宮中に至る車」の賃金規定があり、小野、栗栖野いずれも山科にある地名だ。瓦を焼く御料地が山科にあったようだが、官窯は現在の京都市内にあったとされ、市内にも同名の地があるので、一応、参考までにとどめる。

朝廷は炭も必要とし、御料地の「炭山」が十三座あった。場所が明記されておらず、どこにあったかわからないが、醍醐山の奥に炭山村があるので、そのひとつはここではなかったかと思う。ほかに「炭山」という地名は見つからない。それにこの地は西国三十三所めぐりの道筋にあり、早くから開けていた。右にみるような御料地が山科にはあった。しかし、土地面積はかぎられており、これをもって、山科を「天領」とはいいがたい。だが、山科が古くから天子直轄の領地だった、という捨ておきならない説がある。

『山科郷史』は、旧「山科郷士」(後述)が、郷史を子孫に伝え残すべく著したもので、必ずしも正しく歴史を伝えるものではないが、とにかく、その冒頭で、山科は「斉明天皇の御宇、禁裏本御料の地と定め玉ひ、爾来千有余年、時に盛衰ありと謂《いへ》ども歴世皇室御由緒の地」と高らかに謳っている。

斉明天皇は七世紀中葉の女帝。舒明天皇の皇后で、中臣鎌足とはかり、蘇我入鹿を暗殺して、大化の改新を断行した中大兄皇子(天智天皇)の母である。舒明天皇が亡くなると、皇位を継いで皇極天皇となり、蘇我入鹿の死後、孝徳天皇に譲位。その没後、重祚して斉明天皇となる。斉明天皇としての在位期間は斉明天皇元年~七年(六五五~六六一)だった。正史をみるかぎり、天皇と山科の接点はない。しかし、『日本書紀』「斉明紀」五年三月三日条に、「天皇、近江の平浦(志賀町比良の浦)に御幸」(原漢文）とあって、大和から近江志賀に行くには山科を通過されたはず。全く無縁でもない。

それから八年後、天智天皇は近江に遷都。腹心の鎌足もそこに移り住んだが、山科に陶原館《すえはらのやかた》とよばれた別荘をもっていた。その別荘地がどうやら斉明天皇から授かったものであるらしい。

『日本後紀』の弘仁六年（八一五）六月二十七日条に、左大臣兼春宮太夫藤原朝臣園人らが、高祖鎌足が皇極天皇から賜った「功封一萬五千戸」を朝廷に返したいと申し出、許されなかったことが記されている。問題の地が山科の地とは書かれていないが、園人は山科に住み、「山科大臣」とあだ名されていた人物で、しかも返上を申し出た中に、鎌足の子、不比等が相続した堂が入っており、これは陶原館にあった仏堂のことだから、山科盆地のどこかは特定できないものの、とにかく、皇極（斉明）天皇から下賜された地が山科にあったことはまちがいない。一万五千戸の地がどれほどの広さかわからないが、相当な広さになろう。

鎌足の功田がその後、どうなったか知れない。結局、朝廷に返されたようだ。『日本三代実録』に、貞観二年（八六〇）九月に「山城国宇治郡の荒廃の地一町三百三十八歩」を文徳天皇の皇子、源能有に、十月に「同地の二十五町」を左大臣源信に、そして、さらに元慶三年（八七九）十月に「宇治郡官田四段三百十六歩」を元慶寺に与えたことが載っている。貞観三年六月一日条には「大中臣、中臣両氏の絶《ぜつ》戸《こ》、無身戸《むじんこ》」の語があり、藤原家から返された封土の無人の家のことではないか、と筆者はみる。

第二章　山科の街道

六　越の道

山科は東海道上の交通の要衝として扱われることが多いが、東海道より古くて、重要な道が通っていた。それを紹介する。

わが国の最古の道とされるのは、大和盆地の東の山裾を、桜井から春日野まで走る「山の辺の道」だが、実は、この道はさらに北にのび、木津川を越え、宇治、山科、逢坂を経て、近江に達していた。『万葉集』巻十三雑歌に次の歌が載る。

あをによし　奈良山過ぎて　もののふの　宇治川渡り　少女《おとめ》らに　相坂山《あふさか》に手向草《たむけくさ》
糸取り置きて、吾妹子《わぎもこ》に　淡海《あふみ》のうみの　沖っ波云々（三二三七）

「或る本の歌に曰く」とあるだけで、成立年代も作者も知れないが、奈良の男が、近江に住む妻をたずねる歌で、宇治から逢坂に出たというから、山科をぬけて行ったことになる。この点は、この歌の前に載る次の歌で裏付けられる。

そらみつ　倭《やまと》の国　あをによし　奈良山越えて　山代《やましろ》の　管木《つつき》の原　ちはやぶる
宇治の渡《わたり》　瀧《たき》っ屋の……山科の　石田《いはた》の社《もり》の　すめ神に　幣帛《ぬさ》取り向けて
われは越え行く　相坂山《あふさかやま》を　（三二三六）

「石田の社」の「石田」は六地蔵に近い地で、社は同地に現存する。とはいっても、近年、外環状線で石田と断ち切られ、今は伏見区桃山町に属する。「社」の読みは「もり」となっており、それなら「杜」で、神社の「杜《もり》」と、「森」は同じ。石田には森東町、森西町、森南町の地名が残り、かつてはこの三区にかこまれた地にあったのであろう。現在は、祭神名をとって、「天穂日命《あめのほひのみこと》神社」といっている。大方の人にはなじみのない神だが、山科の歴史を知るうえで重要な神であるだけでなく、日本史上においても同様だ。追って、みることにする。

『万葉集』にはもうひとつ類歌があり、それも挙げる。

大君の　命畏《みことかしこ》み　見れど飽かぬ　奈良山越えて　眞木《まき》積む　泉の川（木津川）の
速き瀬を　竿さし渡り　ちはやぶる　宇治の渡の　瀧つ瀬を　見つつ渡りて　近江道《あふみじ》の
相坂山《あふさかやま》に　手向《たむけ》して　わが越えいけば　楽浪《さざなみ》の　志賀の唐崎《からさき》　幸《さき》くあらば　また還《かへ》り見む云々
（三二四〇）

註に、「或る書に云はく、穂積朝臣老の佐渡に配されし時作れる歌なりといへり」とあって、『続日本紀』に、養老六年（七二二）、式部大輔穂積朝臣が天皇の御輿を「指斥《しせき》（指さして非難すること）」したことをとがめられ、佐渡に島流しになったことが載っており、そのときに詠んだ歌ではないか、とされている。そうであれば、「山の辺の道」は琵琶湖の西岸に沿ってさらに北にのび、日本海に面した敦賀に出、越の国（後年、二分して越前と越後になる）に達していたわけで、平城京から北陸にぬける道、つまり、奈良時代の「北陸道」（越の道）ということになる。歌中では「近江道」となっているが、「かつて大津宮のあった近江に通じる道」の意味合いで、道全体を指すものではない。

『古事記』と『日本書紀』（以降、『記』、『紀』と略す。また、神名表記は日本書紀にみられるものを基本とする）は、十代崇神天皇が、四道に将軍を遣わしたことを伝え、四道の中に「北陸道」が入っている。ただし、『記紀』に名の挙がる天皇のうち、十五代応神天皇以前の天皇は実在性が疑われており、四道将軍派遣の話も、そっくりそのまま信じるわけにはいかない。だが、大和朝廷が国家統一を果たした時点で、奈良から地方に通じる街道があったことはまちがいなく、その中に「北陸道」（以下、旧北陸道）があり、山科を通過していた――ということはいえよう。

ところで、この道は宇治で宇治川につきあたり、右折する道と、左折する道があった。左が山科道（仮称）で、この道をとれば日野・石田に出、そこから醍醐山系の山麓をほぼ山科川沿いに北上して、逢坂山に達した。近江に出るには、この山を越えなければならない。その道筋は二つ――北の谷間を越す沢道と、南の谷間を越す沢道があり、北陸に出る道だから、前者をとったはずである。すると、唐崎あたりに出

右の道　小関越え道（越の道の一部）

てくる。あとは現在の西近江路をとって、おのずから日本海に着く。右手の道をとれば、宇治田原を経て大石に至る。大石内蔵助の祖先の出身地とされている地。近くの関津は、東大寺建造に使われた田上山《たなかみやま》の木材の積み出し港の跡地とされ、一時はこの道の利用者は多かっただろう。今は閑散としている。この道をさらに進むと、石山を経て瀬田で、五畿七道のひとつ、東山道（中山道）の起点である。そのまま北陸へ向けて直進すれば、大津、唐崎、坂本などを経て、やはり日本海に出る（仮称 瀬田道）。

左右二つの道は大津の「札の辻」で再び合流、一本の道となって北陸に至る。

二つの道の利用度はどちらが高かっただが、文献に従えば山科道で、この道をとって山科にこられた天皇が何人もいる。

崇神天皇の跡を継いだ垂仁天皇について、『紀』は、天皇が山城行幸をされ、その折、「山城大国の不《ふ》遅《ち》の女、綺《かには》戸《と》辺《べ》」が絶世の美人と聞き、召して御宮に入れられたことを伝える。「大国」は『和名抄』に出てくる「宇治郡大国郷」のことだろう。現在地にあてはめれば、山科の奈良街道筋の音羽、大塚、大宅、椥辻となる。

なお、垂仁天皇はそれより早く、「山城の苅幡《かりはた》戸《と》辺《べ》」を娶り、三人の男子をもうけ、次男の五《い》十日《か》足《たらし》彦命《ひこのみこと》が「石田君の先祖」とされている。先に名の出た「石田の杜」を祀ったのはこの命《みこと》か、その子孫であろう。

二人の女性の名が似ており、同一の女性ではないかと疑われるところだが、『記紀』ともに別人として扱っている。見過ごせないのは、『紀』がここで、綺戸辺が磐衝別命《いわつくわけのみこと》を生み、「三尾《みお》君の始祖なり」としていることだ。

二十五代武烈天皇には御子がなく、皇胤が絶えんとするところを、北陸にいた遠縁の男大迹《おおど》王を皇位につけた。これが継体天皇だが、継体天皇の生母、振姫《ふるひめ》は三尾の出で、磐衝別命の六世の孫とされ、したがって男大迹王も皇室の血を引くものとされて、皇位継承が成ったものである。垂仁天皇が山科で綺戸辺に会っていなければ、皇統――引いては、わが国の歴史は変わっていた。ちなみに三尾は湖西の安《あ》曇川《どがわ》に位置し、旧北陸道上にある。里の川の名が「鴨川」というのも気にかかる。

また、『記紀』は応神天皇の近江行幸を伝え、「菟道野《うじの》」で葛野を遠望して詠まれた歌を載せる。葛野には家々が建ち並び、国のすぐれたところがみえる、という内容だが、宇治からは葛野は見えず、実見の様を詠んだものではなさそうだ。それでも葛野の名はその頃すでに知られており、後年、桓武天皇がこの地に都を遷されたのも、こんな予備知識があってのことだろう。

『記』は、この天皇が木幡でみめうるわしい乙女に出会われたとする。名を問うと、「丸邇《わに》の比布礼能《ひふれの》意富美《おほみ》の女、宮主矢河枝比売《やかはえひめ》」との返事。「丸邇」は「和邇」とも書き、古代の政界で大活躍した渡来系とされる一族である。

天皇は、結局、この乙女を娶り、生まれたのが菟道稚郎子《うじのわきいらつこ》皇子で、皇子は父天皇の死後に自殺して、異母兄大鷦鷯尊《おおさざきのみこと》に皇位をゆずったと伝えられる。この兄こそ十六代仁徳天皇で、堺にある御陵はわが国最大の古墳として万人に知られる。菟道稚郎子皇子の墓は宇治にあり、これもかなり立派なものである。話は変わる。渤海国《ぼっかい》——といっても、なじみのうすい国で、どこにあったのか知らない人も多かろう。八世紀に中国東北の沿海州におこった国で、高句麗の旧領を併合し、二百年近く栄え、最終的に契丹《きったん》に滅ぼされている。その渤海からわが国に使節がやってきたのは聖武天皇神亀四年（七二七）のこと。以後、二百年ほどの間に、三十余回も来朝している。

現在の中国大陸、朝鮮半島など、隣国から来日する者は、古来、九州にやってくるのがつねで、これがあたりまえのごとくに思われているが、第一回渤海国使節は出羽国に到着した。日本側は、以後は大宰府経由でくるように申し入れたが、それを無視するように、日本海側にやってきた。しかもそれが隠岐だったり、但馬、能登、佐渡だったりと、一定しない。意図的でなく、航海技術が未熟で、季節風まかせの航海では、使節も、どこに着けるか、事前にわからなかったのではないかと思われる。

天平宝字二年（七五八）の渤海使節は、わが国の渤海国大使小野田守の帰国に伴ってやってきたが、越前に着いている。日本の大使なら、帰国に際しては、摂津を目指したはずだが、それでも着いたのは越前だった。

それより早く天平十八年（七四六）に、「化を慕いて（帰化を求めて）」やってきた渤海人千百余人が着いたのは、出羽。移住をのぞむ難民で、行き先は特に決まってはおらず、できれば早く——したがっ

小関越え道（越の道の一部）

て、できるだけ近いところに着きたかったはずだが、結果としてたどり着いたのは日本の最果てだった。これで考えられるのは、右に述べたように、朝鮮半島、あるいは中国大陸東北部から船出して、自然にまかせていれば、対馬海流に乗って、おのずと日本の日本海側のどこかに漂着するということで、考古学上の知見では、たしかに、出雲、若狭、越前あたりの地が早くから開けている。神話に出雲が登場するのも、うなずける。

先に、国家統一のために奈良から地方への道（四道）が設けられ、そのひとつが旧北陸道であることを述べたが、あるいは、日本海側の地に漂着した渡来人が南都に向かい、その際に残した足跡ではないか――と筆者は疑う。

なお、いずれの場合も船はいったん若狭に回漕され、一行はそこから奈良に入った。それが「越の道」つまり、旧北陸道で、その道を通り一行は山科を通過した。

都は延暦十三年（七九四）に平城京から平安京に遷る。日本史年表をひもとくと、その二年後の延暦十五年、つづいて十七年に「渤海使の貢物進上」があり、その後もひんぱんに来朝があった。淳和天皇天長元年（八二四）、渤海使の来朝を十二年に一度とさだめたが、相手は無視、その後もつづく。

ただ残念ながら、それらについての詳しい記録がない。

詳細が知れるのは、清和天皇貞観十三年（八七一）十二月十一日の「加賀国の岸」に着いた楊成規《ようせいき》一行の動向で、『日本三代実録』に記述されている。本書に関係するのは翌年の五月十五日の条。「勅して（中略）従五位上守右近衛少将藤原朝臣山陰をして山城国宇治郡山科村に至りて、郊迎《こうげい》して、渤海の客を労《ねぎら》はしめ給ひき。領客使大春日安守等、郊労使とともに、渤海国の入覲《にゅうきん》（天子にまみえる）大使（中略）を引いて京に入り、鴻臚館《こうろかん》に安置《はべ》らしめき」。陽成天皇元慶七年（八八三）の渤海使来朝の時も同様で、郊労は「宇治郡山階野」でおこなわれた。

「郊労」とは、「郊外で慰労する」という意味で、長旅の疲れを入京前に癒してもらい、爽快な気分で都入りしてもらおう、との計らい――と考えられそうだが、真相はちがうようだ。『日本三代実録』の貞観十四年正月二十日条に、京師で「咳逆《しはぶき》の病」がはやり、死ぬ者が多く、世人は、渤海の客人が「異土の毒気」をもたらしたせいだ、と噂し、朝廷はこの日、建礼門前で大祓をして、厄払いしたことが載る。蕃客《ばんかく》（来朝している外国人）は日本人が免疫をもたない病原菌をもちこむおそれがあり、事実、蕃客がやってきたあと、しばしば疫病が発生している。人々は経験的にそれを知っており、朝廷もその対策をとっていた。『延喜式』の「神祇・臨時祭」に、朝廷がおこなうべき祭儀として、「蕃客送堺神祭《ばんかくをさかいにおくるかみまつり》」が載り、説明に「蕃客が入朝せば、畿内の堺に迎えて送神《おくりがみ》をまつり、しりぞけよ」とある。山科は京の四境のひとつで、山科の防災機能については先にみた。

一行が加賀に着いたのは貞観十三年十二月、山科にやってきたのが翌年の五月で、察するに、疫病の

小関越え道の峠小屋

元凶とみられ、病がおさまるまで加賀で足止めをくい、山科では「蕃客送堺神祭」が「郊労」の名でおこなわれたのではなかったか。

使節の人数は数十人、多ければ百人を超す。それだけの賓客を供応する施設が山科にあったことになるが、それがどこにあったか、今となっては知るよしもない。そこから鴻臚館まで、どの道をとったかもわからない。峠越えの東海道はけっこう険路で、按ずるに、「越の道」（旧北陸道）をそのままとって六地蔵に出、伏見経由で鴻臚館に入ったのではないか、と推察される。

一行は京で大歓迎を受けた。六歌仙のひとりとして有名な在原業平が接待役をつとめ、日をあらためて文人が招かれ、使節との懇親の場が設けられ、文化交流がおこなわれた。のみならず、朝廷は、市民が個人的に一行と交易をおこなうことを許しており、異国のめずらしい品々が日本にもちこまれたようだ。その辺のことも調べればおもしろかろう。

七　東海道の成立

平安遷都に伴い、当然、新都と地方をむすぶ街道が必要になる。そのひとつ、東国に通じる東海道は山科を貫通する形ででき、おかげで山科は交通の要衝として発展することになるが、なぜ山科だったのか。決め手となったのは、遷都以前から山科にあった天智天皇の陵墓だった――。

天智天皇六年（六六七）に近江遷都を断行された中大兄皇子（天智天皇）は、四年後、同地で崩御、山科に葬られた――とされるが、この点、疑義がないわけではない。『紀』には、「天皇、近江宮に崩《かむあが》りましぬ……新宮に殯《もがり》す」とあるだけ。「殯」は、埋葬まで一時安置しておくこと。通常、追って陵墓に葬られるが、陵墓についての記載がない。

そして、『続日本紀』の文武天皇三年（六九九）十月十三日条に、「越知（斉明）、山科（天智）の二つの山陵を営造」の記事が載る。天智天皇が亡くなられた後、御子の大友皇子と、弟の大海人皇子との間で、政権をめぐって壬申の乱が起こり、天皇の山陵造りどころではなかっただろうから、御陵造りはこのときまでずれこんだ、とみられるところだが、二十日条に、「大工二人を山科の山陵に遣わし……修造」とあり、「修造」とは〝修理すること〟だから、やはり御陵はすでにあり、その補修をいっていることになる。ところが、その関連記事に、造陵司として浄広肆《じょうこうし》大石王、直大弐《じきだいに》粟田朝臣眞人《あわたのあそんまひと》、真広参《じきこうさん》土師宿禰馬手《はにしのすくねうまて》など、そうそうたる面々が任命されており、ただの修理とも思えない。

天智天皇御陵

そもそも、近江で亡くなられた天皇が、なぜ山科に葬られているのか。壬申の乱で勝利した大海人皇子（天武天皇）は天武天皇二年（六七三）年に飛鳥《あすか》浄御原宮《きよみはらのみや》で即位。近江大津宮は、はやすたれ、天智天皇の御陵は飛鳥に設けられてもしかるべきなのに、よりによって、なぜ山科に葬られたのか。それも「越の道」から遠く離れたところにである。不思議がった人が多かったのも無理はない。そこで、こんな話がまことしやかに語られてきた。あるとき、天皇が山科に行かれて、もどってこられなかった。探すと、天皇の沓《くつ》が見つかり、その場に御陵をつくった、と。出典は『帝王編年記』。成立年代は定かでないが、一応、僧永祐の手になったもので、成立は南北朝時代半ば、すなわち、十四世紀中期とされている。京地誌の多くがこれに従う。これに反論したのが、『伊勢参宮名所図会』を著した蔀関月《しとみかんげつ》で、「此説覚束なし」といい、天子の譲位を「脱履」というので、それから出た付会説なるべし、としたり顔。しかし、考えすぎで、先にみたように、類話が『清水寺縁起』にあり、道教思想である、いわゆる「貴人仙化説」

『伊勢参宮名所図会』の天智天皇御陵

にすぎない。真相はわからないが、天智天皇陵については、『延喜式』の「諸陵式」に「山城国宇治郡」の「山科陵」とあり、現に、日ノ岡に近い御陵《みささぎ》上御廟野に、東海道に面して、天智天皇陵とされるものがあるから、これが天智天皇の墓とみてよかろう。

であるなら、天智天皇陵の成立年代は明らかでないが、所在地は山科で、ここに御陵ができた時点で、御陵と大津宮をむすぶ道ができていた、ということである。既存の道があったから、その脇に御陵がつくられたのか、御陵をつくるために道が設けられたのか、知るよしもない。いずれにせよ、御陵ができたときに、道が存在したことは、まちがいない。

御陵と京洛をつなぐ道はどうか。これも早くからあった。桓武天皇の勅命により長岡に遷された都は、造営開始まもなく、責任者の藤原種継の暗殺という件があり、これに、桓武天皇の弟で皇太子の早良《さわら》親王が関与した嫌疑をかけられ、廃嫡された。『続日本紀』によれば、その報告が延暦四年（七八五）十月八日に「山科の山陵（天智陵）」になされている。つまり、この時点で、長岡京と天智陵はつながっていた。

報告先がなぜとりたてて天智陵だったのかについては次のように推察される。それまでの天皇は長らく天武系で、天智系で皇位についたのが、桓武天皇の父、光仁天皇だった。だから、桓武天皇は天智天皇をご先祖として強く意識しておられたであろうし、天智天皇を名君として敬ってもおられたようだ。延暦二十四年（八〇五）遣唐使が帰国。使節がもち帰った「唐国物」を、天皇はさっそく天智陵に献上されている。

いずれにしろ、当然、右の二つの道をむすべば、平安京から近江までいけることになる。現に、「唐国物」を天智陵に献上した年の前、桓武天皇は「近江国志賀郡可楽崎（唐崎）」に行幸されている（『日本後紀』）。何をしに行かれたのか記されておらず、「唐崎」といえば、『蜻蛉日記』の作者、藤原道綱の母のおこなった「唐崎祓」が思い出されるが、筆者自身は、主目的は山科陵の墓参で、ついでに足をのばして大津宮の見学もされたのではないか、と思う。

このとき、どの道筋をとられたのか。現在の東海道は平安京の三条大路を延長して大津につないでおり、これがあたりまえと思われそうだが、そうではなさそうだ。唐崎行幸より早い延暦四年（七八五年、長岡京遷都の翌年）、天皇は伊勢大神に仕える斎宮を伊勢に派遣、百官が「大和国の堺」までおともしている（『続日本紀』）。「堺」は木津らしく、按ずるに、このときの斎宮は、奈良時代の斎宮と同じ道をとるべく、都を南下し、木津から伊賀、松阪を経て、伊勢に入られたようだ。また翌年には、蝦夷征討の準備として、佐伯宿禰《さえきのすくね》葛城《かずらぎ》を東海道に、紀朝臣《きのあそん》楫長《かじおさ》を東山道に遣わしておられる。このとき、まだ平安京はできていない。だからこの東海道は現在のものと道筋がちがう。考えられるのは五条通りで、五条大橋（牛若丸と弁慶の伝説で有名）がすでにできていたかどうか知れないが、宝亀九年（七七八）に清水寺が創建されていたから、賀茂川は渡れたはずである。清水寺の奥の院から、延暦二十一年（八〇二）創建の清閑寺までが「歌の中山」で、清閑寺からは下り坂で、坂下にあるのが元慶寺。当寺の座主をつとめたのが六歌仙のひとりで、小倉百人一首の人気歌、「天《あま》つ風　雲の通《かよ》ひ路《じ》　吹き閉じよ　乙女のすがた　しばしとどめん」の作者、遍照僧正だった。僧正は桓武天皇の孫。そんなことから桓武天皇がと

「歌の中山」の碑

られたのはこの道だったと思うが確証はない。とにかく、ここから少し行けば、天智天皇の御陵に出る。このコースが、現在の道でいえば、ほぼ「渋谷《しぶたに》街道」にあたる。

次は、御陵から大津宮までの行程。これはほかでもない、前記の、大津宮から御陵までの道で、その道筋をあらためて考察する。

大津宮の所在地は諸説あるものの、近年、大津市錦織で、その大規模な遺構が発見された。唐崎、坂本に近い。大津宮から山科までは、前記の「越の道」をとられたことはまちがいない。改めていえば、三井寺から四ノ宮まで、逢坂山の北の谷間を越えてくる道で、『万葉集』の歌のひとつに「近江道の相坂山」と詠まれている道がそれだ。その道が四ノ宮で三叉路になり、直進すれば奈良、右折すれば、おのずと天智天皇陵に出てくる。現在名でいえば、三井寺から四ノ宮が「小関越え道」、四ノ宮から奈良が「奈良街道」、大津から三条大橋までが「東海道」（一部大津街道）となる。正確にいえば、大津からきて奈良街道をとる人は、三叉路の手前から小山地区経由の近道を行ったので、近道の方の分岐点を「追分（馬

三条大橋から見た「鴨の河原」

子が牛馬を追い分ける道の意）」とよび、ここが山城と近江の国境になった。この追分は『伊勢参宮名所図会』には「大津追分図」として載り、当時の東海道の街道のにぎわいを活写している。今も分岐点には道標が立ち、碑面に「右は京道」「左は伏見道」とあり、一見古そうだが、別の面に「昭和二十九年再建」とあるから複製だ。残るもう一面には「柳緑花紅」という、中国の歌人蘇東坡《そとうば》の詩の一節が刻まれてもおり、それがなぜかは知れないが、この歌でこの道標は有名になった。

　東海道の起点は三条大橋の東詰だが、いつそうなったのかは、判然としない。三条大橋ができたのは天正十八年（一五九〇）のことだが、その前にいっておきたいのはおそらく橋の有無は、往来に関係なかったということ。『伊勢参宮名所図会』の「三條橋図」を見れば納得がいく。賀茂川と高野川が合流してできた鴨川だが、三条あたりでは、もう乾涸してほとんど水がなく、広々とした河原で、牛車も河原を歩む。雨後は大変だったろうが、常なら通行に問題はなかったろう。現に、本書の冒頭でみた藤原利仁と赤鼻の二人は難なく鴨川を越えている。

三条大橋の界隈に関する史料としては、粟田口の「粟田口御所」とよばれた天台門跡寺院、青蓮院の膨大な文献記録『華頂要略』があり、その第五十七に「中古白河之図」と「当今之図」が載る。前者の「中古」がいつの時代を指すのかわからない。とにかく、この図には、三条大橋は描かれていない。そして、三条通にあたるあたりの道には川が流れ、説明に、白川は南禅寺から西に向かって鴨川に流入、途中で支流ができ、これを「小川」といった。天正十八年（一五九〇）に三条大橋を架けることになったとき、洪水があり、白川の流れは変わり、一方的に小川に流れ込み、本流は水が涸れた、と記されている。これから察すると、水枯れの道を「三条通」にし、それにあわせて三条大橋が設けられたようである。

白川は北白川から流れてくる川だが、疏水の造営で中断され、今は平安神宮の門前で疏水の水を引いて南に流れ、白川橋で三条通と交差、門前町、花見小路を通って、鴨川に流れ込んでいる。これがかつての「小川」だろう。

旧三条通は現在の三条通の一筋南の道がそれらしい。根拠は、青蓮院がこの道にあること、平安遷都の際、都城鎮護のために祀ったとされる大将軍神社、粟田口の鎮守社、粟田神社もこの道筋にあることだ。

さて、近江側はどうなっていただろう。行き着くのは、坂本だった。比叡山の東麓にある坂本は、古来、琵琶湖舟運の物資集積地だった。延暦寺創建以来、ここに寺坊が集まり、門前町を形成。寺の建材や、僧の生活物資などの集積地として栄えていく。それと時を同じくして、平安遷都で増加した都向けの物資の運送が賄いきれなくなって、港を浜大津に移す。当然、新港から都までの新道が要る。ルートは逢坂山と音羽山がつくる南の沢道をとる。従来の道とは全く別である。

新道の造営年代は定かでない。『日本後紀』に、大同元年（八〇六）に「六道観察使」が置かれ、同三年に、山陰道観察使、菅野真道《すがのまみち》をして「東海道事」にあたらせたことが載っており、この頃から本格的に新しい道筋の建設計画がはじまったようである。

左、明治八年改修の新東海道。右、旧東海道

ところで『日本後紀』の延暦二十三年（八〇四）六月二十六日条に、「山城国山科駅を停め、近江国勢多駅の馬数に加える」（原漢文）とあって、この日、律令制で定められた駅制の山科駅を廃止し、余剰の馬を近江の勢多駅（瀬田）にまわしたことが伝えられている。理由が述べられていないが、山科と勢多間の行路が短縮されて、山科駅が不要になったということではないか。考えられるのは、新道の成立しかない。平安遷都で旧北陸道よりも東海道の需要が高まり、都と勢多の間の通路が新たに、開発されたのだろう（ここでは、便宜上「新東海道」とする）。その着手が思いがけず早かった可能性はある。

なお、旧来の東海道（以下、旧東海道）はどうなったのであろう。脇街道として、その後も結構、活用された。安政二年（一八五五）に旧東海道をとって京から大津へ向かった志士清川八郎が紀行文『西遊草』で次のように述べている。「（粟田口）よりしだいに山科の里に至る（中略）壱里ばかり至りて、道左の小関越をたどりて、二十五丁にて三井寺に至る。次第〳〵の登り坂なれども、大津をめぐるよりはるかに近道なり。道幅広く、大津より牛馬のわずらいなくして、却って心地よく思わる」。東北を旅した芭蕉も帰りにこの道をとり、「山路来て何やらゆかしすみれ草」の句をよんだ。

最後にもうひとつ。新東海道の開発は物流のためだけではなかった。朝廷は皇女を斎宮として、伊勢神宮の神に仕えさせるならいで、先の斎宮は木津経由で伊勢に入られたようだが、これは遠回りすぎたようで、光孝天皇仁和二年（八八六）五月十五日、天皇は近江にあらたに「阿須波《あすは》の道」を開くことの是非について調査を命じ、翌月、「伊勢斎宮親王、近江国の新道をとって大神宮に入るべし」との勅令を発しておられる（『日本三代実録』）。それを受けて、九月二十五日、斎宮は出発。鈴鹿の頓宮で火事にあうハプニングがあったものの、無事に伊勢に着かれた。「阿須波の道」がどこかは知れないが、新道は木津でなく、山科を経て近江に入る道で、斎宮にまず天智天皇陵に立ち寄らせ、伊勢行きの報告をおこなわせたものであろう。この道こそが、さらに新しくなった新東海道で、東海道が東京に直行せず、いったん亀山へと南下する理由は、斎宮道を優先させたという古代の歴史に遡る。

八　東海道今昔

おもしろの海道下りや　何と語るともつきせじ　鴨川白川うち渡り　おもふ人に粟田口とよ
四ノ宮河原に十禅寺　関山三里を打ちすぎて　人まつ本につくとの云々

室町時代の永正十五年（一五一八）に成った『閑吟集《かんぎんしゅう》』に載る小歌で、東海道の、京の鴨川から大津の松本までを詠んでいる。先に、この間には山科盆地があり、粟田山と逢坂山の峠越しが難儀だった、と述べたが、それをはぐらかすような気楽な調子で、足をすくわれたようだ。しかし吟味すれば、納得がいく。「おもふ人に会う粟田口」、「人待つ松本」と、東海道にことよせたことば遊びで、しかも、「粟田口とよ」「松本につくとの」と伝聞形式になっていて、本人の体験を語るものでなく、人伝えに聞く東海道、歩いてみればさぞおもしろかろう、という、擬似旅行の歌にほかならない。詠まれた頃は戦国の世で、物見遊山で東海道を旅することなど考えられない。だからこそ、かえってこんな夢物語のような小歌ができ、愛唱されたのであろう。

夢がかなうようになるのは、徳川家康が天下を取って、江戸に幕府を開き、江戸と京をむすぶ東海道を最重要街道と位置づけ、街道の里程をさだめ、通行の便をはかって五十三の駅（宿場）を設けたことによる。これがいわゆる「東海道五十三次」で、「お江戸日本橋」から、「京の三条大橋」で終わる。有

「四宮村 四宮川 巡地蔵」『伊勢参宮名所図会』

名な広重の同名図もそうなっている。十返舎一九の滑稽本『東海道中膝栗毛』の主人公、弥次郎兵衛、喜多八も江戸を発ち、京にやってくる。しかし、元来、東海道は京都から東海地方に出る道としてつくられたもので、右の小歌も、「おもしろの海道下りや」と、京から江戸に向かうのを、「下り」としている。

この小歌、何でもない歌のようだが、読み込めば、味わい深い。「海道下り」は鴨川白川を「うち渡る」ことからはじまるとし、東海道の起点を、鴨川の西岸とする。それに、「うち渡る」とは「苦労して渡る」ということで、実際、この頃にはまだ三条大橋はできておらず、旅人は苦労して河原を渡っていた。白川も同然であったろう。

粟田口を過ぎて、出てくるのが「四ノ宮河原」で、この当時にもまだ河原があったかどうか知れないが、とにかく、四ノ宮は河原で名が売れていた。小関越え道は、逢坂山の北の谷間を越える道で、その谷間の渓流と、如意ヶ嶽から流れ下る山水が四ノ宮で合流、しばしば氾濫し、河原をつくってきた。前出『伊勢参宮名所図会』の「四宮村、四宮川、巡地蔵図」には、四ノ宮巡地蔵の横を流れる四宮川と、それに架かる小橋が描かれ、旅人はこの橋を渡るが、荷を運ぶ牛は川中を横切っている。

「十禅寺」は、現在は、巡地蔵の裏手にひっそりとたたずむ小さな堂で、地元でも話題にならないが、『東海道名所図会』で紹介されている。このほとりは「四ノ宮」の地名の起こりとなった仁明天皇の第四皇子、人康《さねやす》親王の旧隠棲地とされ、親王の屋敷にあった泉水が『伊勢物語』で語られていることから、けっこう名前は売れていたらしい。この地区名を現在は「四ノ宮泉水町」と称す。人康親王は盲目だったといわれ、そこから盲琵琶法師の祖とされる蝉丸と重なって、蝉丸伝説が生まれる。それについては追って話す。

「関山」は先述の通り逢坂山のことで、ここに関所があったとされ、かくよばれてきたが、その真偽は次章でさらに詳しく検証する。

関山からは「人待つ松本」に向かうことになっており、松本は大津の南の、打出の浜に近い地。その通りであれば、(浜) 大津に出ず、「札の辻」から近道で、松本に出たことになる。寒川辰清『近江輿地《よち》志略《しりゃく》』に「古昔の東路」とあり、この「東路」は、山科の旧北陸路西路に対するものではないのか。「札の辻」のことは追ってまたふれる。

戦国の世が過ぎ、娯楽のための旅が可能になると、多くの人が足を向けたのは京都だった。それには伏線がある。これより早く、京都とその周辺部は、応仁の乱(一四六七~七七)で灰燼に帰した。それも時を経て復興。その様子を描いた「洛中洛外図」とよばれる、屏風仕立ての絵が世に出て、人気を博する。初見史料は『実隆公記』の永正三年（一五〇六）十二月二十二日条、越前守朝倉貞景が土佐光信画の市中図屏風一双を新調したとする記事。天正二年（一五七四）には、織田信長が狩野元信に描かせた屏風を上杉謙信に贈っており、上杉家本として名が知れる。以後、類画が次々と世に出た。神社、仏閣だけでなく、都のにぎわいが詳細に描かれ、それを見れば、だれでも行ってみたくなる。天下の統一が成り、平安の世の中で、庶民の生活も向上。念願の京都行きも夢でなくなった。

その機運に応えて、明暦四年（一六五八）、中川喜雲が先駆的な京名所記、『京童』を刊行。つづいて寛文五年（一六六五）の浅井了意『京雀』、天和二年（一六八二）の黒川道祐『雍州府志《ようしゅうふし》』、正徳元年（一七一一）の釈白慧『山州名跡志』、大島武好『山城名勝志』などの類書がぞくぞく世に出る。中でも評判を取ったのが安永九年（一七八〇）の、秋里籬島《あきさとりとう》（文）と竹原春朝斎（図版）による京都の地誌『都名所図会』で、内容も詳しく、多くの挿絵を入れ、全国的なベストセラーとして、売れに売れ、まもなく続編として『拾遺都名所図会』も出た。その評判に乗じて、同じ作者によって発行されたのが『東海道名所図会』で、図版は円山応挙など多彩な人々が手がけ、、これもヒットした。十返舎一九が享和二年（一八〇二）に滑稽本『東海道中膝栗毛』の初編を著したのもこの流行に便乗したものだろう。

中でも『東海道名所図会』が街道のにぎわいを活写し、興味ぶかいので、原文を引用する。

江府までの往来、貴賤となく、老少となく、夜となく昼となく、公卿は勅を蒙りて、春の御使、藩屏《はんぺい》の諸侯はかはるがはる参覲《さんきん》あり。あるいは商人の交易、斗藪《とそう》の桑門《よすてびと》、風騒《ふうそう》の歌枕、俳諧の行脚、伊勢まいり、富士詣まで、駅路の鈴も絶間もなく、馬あり、竹輿《かご》あり、舟あり、橋あり、泊ゝは自在にして、酒旗《しゅき》所々に翩翻《へんぽん》たり。

（意訳）東海道は昼夜、貴賤、老若を問わぬ往来ぶり。勅使、参勤交代の一行、行商人、僧、歌人、俳人、伊勢講、富士講の者あり。駅馬の鈴の音絶えず、人だけでなく、馬、駕籠、舟、橋も目に入る。宿所は至るところにあり、道端には客を招く酒屋の旗がひるがえる。

勅使は「春の御使」とされており、国家の春の大祭――皇祚長久、国家安泰、五穀を祈る祈年祭《としごいのまつり》に、『延喜式』に記名された全国の三一三二座の神（式内社）に官幣を奉ずるために遣わされた使いであろう。ちなみに山城国宇治郡の式内社は宇治神社、日向神社、許波多神社、宇治彼方神社、天穂日命神社、山科神社だった。勅使全員が東海道を通ったわけではないだろうが東国に向かったものを半分とみても、相当な数になる。

参勤交代の大名は、山科では東海道を通らなかった。秀吉が、三条大橋は皇居に近く、武士団が通るのは畏れ多いと、通行禁止にしたからで、代わりに指定したのが、まず伏見に出、彼の築いた伏見城の北の谷間道をとって山科の勧修寺に向かい、そのまま盆地を横断、奈良街道の椥辻《なぎつじ》、追分を経て、大津に至る、というものだった。今日の名神高速道路はこの道を踏襲している。

「風騒（文人墨客）の歌枕」ということばだが、「歌枕」とは「古歌に詠みこまれた諸国の名所」（『広辞苑』）をいい、そこを巡りまわるのが、文人、歌人の念願で、それを果たして、紀行記をものした人も少なくない。そのひとりに鎌倉時代の源光行がいる。河内守をつとめた武人だが、和歌を好み、彼の歌は『千載和歌集』に取り入れられている。その彼が貞応二年（一二二三）、仏道の修行と、歌の道をきわめるべく、京から鎌倉まで往復して『海道記』を著し、それが紀行文のはしりになった。彼がとった道順だが、白川に住んでいた彼は、まず粟田口に出、四宮河原、小関を経て、大津に入っている。つまり、小関越え道をとっており、鎌倉に向かうのに、わざわざ遠回りをしているのが解しがたい。しかし、やはりそれなりの理由はあった。

『東海道名所図会』に従うかぎり、この往還路はおおいににぎわっていた。だが、それは近世のことで、中世には道も狭く、人影も少なかった。それから三百年

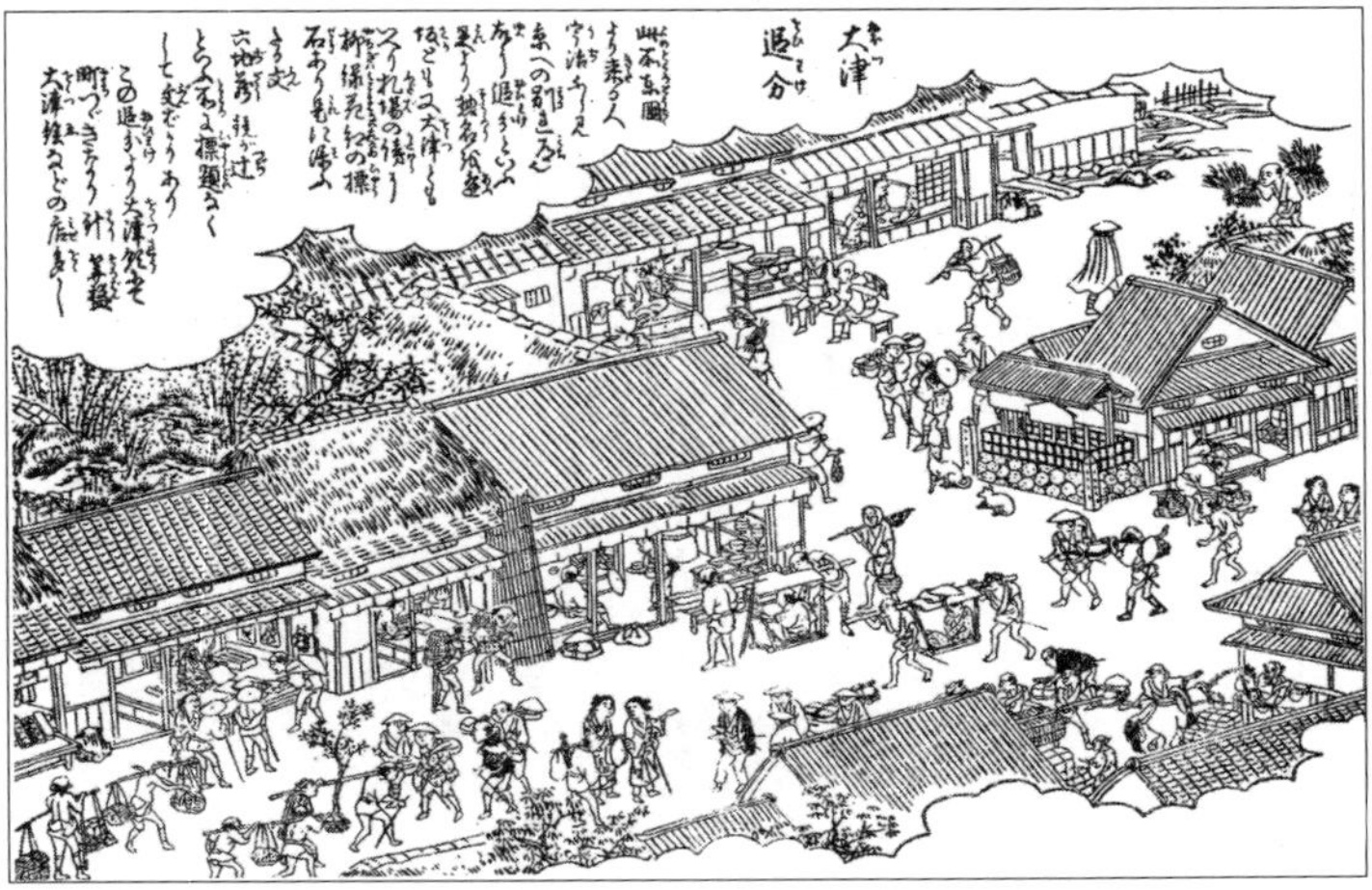

追分（東海道と奈良街道の分岐点）のにぎわい

後の大永六年（一五二六）、大津から粟田口まで東海道を歩んだ連歌師宗長が、「人ひとりもあわず」と述べたうえ、この峠は人と馬がすれちがうのが難儀、と評している（『宗長手記』）。東海道は東方の物資を都に運搬するための道だったが、峠道は急で、荷車が使えず、輸送は人力に頼っていたようだ。『東海道名所図会』をみても、『伊勢参宮名所図会』をみても、すでに牛車が登場しているにもかかわらず、多くの荷は人によって運ばれている。一俵の米を背に負って運ぶ人夫の姿がずいぶん多い。これが旧態をとどめているのであれば、この道はひと二人がすれちがうことができる道幅があれば足りた。後年、都の人口が増え、大量の消費物質を運ぶ必要から、道は拡張され、輸送に馬や牛車が投入されるが、それが旅人をわずらわせた。だから光行は小関越え道を選んだようだ。

牛車「清水寺縁起」『続日本絵巻大成』

小関越え道がよかったのは、古代に北陸道として整備されていたためだっただけでなく、観音霊場めぐりの巡礼路として活用されていたからである。

観音霊場めぐりは平安時代の末にはじまったといわれている。当初は七カ所めぐりだったらしい。西国三十三所めぐりの初見史料は三井寺文書『寺門高僧記』で、そこに僧覚忠が応保元年（一一六一）に三十三カ所巡礼をおこなったことが載っている由で、めぐる寺は現在と変わらないようだが、道順はちがった（現在は和歌山の青岸渡寺にはじまり、岐阜の華厳寺で終わる）。山科に関係するものだけにかぎって述べると、十番三室戸寺《みむろとじ》、十一番醍醐寺、十二番岩間寺、十三番石山寺、十四番三井寺、十五番今熊野観音寺、十六番清水寺、十七番六波羅蜜寺、十八番六角堂、十九番革堂《こうどう》となる。

三井寺から今熊野観音寺に向かう途中、山科にあるのが「番外札所」とされる遍昭僧正の元慶寺で、当寺が番外札所とされたのは、冷泉天皇の御子で即位したばかりの花山《かざん》天皇が政略にかかり、当寺で落飾、失意の中で観音霊場めぐりにはげまれたからで、西国三十三所めぐりは花山天皇にはじまるとみる人もいる。元慶寺が番外札所でなければ、巡礼者は近江から京都まで、坂本と白川をつなぐ「山中越え」をとればいいことで、山科の歴史も相当変わっていたであろう。

さて、永暦元年（一一六〇）、東大路と七条通が交差するあたりに、後白河上皇の離宮、法住寺殿が建った。境内には天台宗の蓮華王院本堂（三十三間堂）、天台門跡の妙法院、それに比叡天台と一体の坂本の日吉大社（現新日吉神宮）まで勧請されて、一円が天台色化する。そこで、天台関係者、とりわけ寺門派の三井寺の僧徒が往還にこの道を使うようになる。

さらに、鎌倉幕府ができると、幕府は朝廷のお目付け役として、近くに六波羅探題を設けたので、東国武士もこの道の利用者に加わった。というわけで、この脇街道の利用者はけっこう多かった。

この道について、もう一言つけくわえておきたい。東海道を東から西に向かうと、天智天皇御陵の手前に「五条別れ」というところがあり、ここ―京都薬科大学の裏手―に、沢村道範という人物が宝永四年（一七〇七）に建てた石の道しるべがあり、「右ハ三条通」、「左ハ五条橋、ひがしにし六条大佛、今

五条別れの道標

ぐ満（今熊）きよ水道」と刻まれている。つまり、右の道が東海道で、三条大橋に出、左の道は巡礼道で、五条大橋に出、今熊野観音寺や清水寺に行くには、こちらが便利であることを教えている。左手の道をとれば、例の元慶寺に出てきて、清閑寺、清水寺を経て五条大橋に至る例の「五条通」だ。

東海道の話になると、決まったように話題にされるのが「車石」なので、これにもふれておく。みぞを刻んだ敷石のことで、荷車の便宜を考えてつくられた、とされている。街道はぬかるむことで悪評高く、舗装は必要だったが、みぞを刻んだ敷石の利点が何だったのか、筆者には皆目わからない。これだと対向車はすれちがえない。二車線が必要だが、九条山の旧東海道を見ると、狭くて、二車線は無理。そこで時間を変えて、通行の方向制限をしたというが、それでうまくいったとは思えない。もし荷車一台がエンコすれば、後続車も立ち往生する。かといって、引き返すこともできない。

日ノ岡峠の改修に骨折った木食上人養阿は、享保十九年（一七三四）の奉行所への出願で、最初、大石を敷く案を出したが、車がすべったときの歯止めが必要といわれ、大石と土砂の併用を採用。必要に応じて、置土法も取り入れている。「車石」についてはふれていない。

この通り、車石については、久しく疑問に思っていたが、シーボルトが答えを出してくれた。文政九年（一八二六）の参府の帰りに山科で荷を運ぶ多くの牛車を見、車輪が大きいのに注目。「轍《わだち》広くして、甚だしく道路を損なう」と『江戸参府紀行』に書き記している。『西京独案内』の作者、永野孫次郎も嘉永元年（一八四八）に日ノ岡峠を越え、「此辺、車道といふて往来にみかげ石を横さまにならべ、二筋の道をつけるに、車の輪しぜんと石に跡つきて、深さ五、六寸のみぞとなれり」と記している。みぞは人為的につけたものではなかった。東海道は近江～京都間で峠二つを越した。大半が道の悪い谷間道だった。しかも河原がある。轍《てつ》（わだち）の小さい荷車では越えられない。そこで、ばかでっかい車輪の牛車の登場となる。その牛車が道路をいためた。敷石まできずついた――それが実情だった。車石があったのも、全行程ではなかったようだ。『東海道名所図会』には見当たらない。

ちなみに、車石は先の改修どきに取りのぞかれ、修路碑の土台に使われたり、道路沿いの石壁に記念としてはめ込まれたりしていて、今も目にすることができる。

九条山の「車石」

第三章　逢坂関

九　逢坂関の所在と役割

逢坂山の峠、詳しくいえば京阪電鉄大谷駅の東百メートル、国道一号（東海道）に沿った山ぎわに、「逢坂山関址」の石碑が建っている。そばに廃屋となった検問所があり、ここで戦後久しく、闇物資の取り締まりがおこなわれていた。検査はきびしく、順番待ちのトラックが列をなし、かつての関所の取り調べもかくや――と思われたことである。関所といえば、箱根の関所がつとに名高く、江戸幕府の「入鉄《いりでっ》炮出女《ぽうでおんな》」が念頭にあるからだが、考えてみれば、そのような関所が本当に当地にあったであろうか。

問題の石碑は、昭和七年に滋賀県の手で建てられた。平成十七年に大津市歴史博物館が発行した『大津　歴史と文化』には、「関跡とする確証はない」とある。思うに、当地が関跡に比定されたのは、関所は国境に設置するならいで、国境は要路上の河川、峠などで引かれることが多いからだろう。たしかに、逢坂山峠は要件を満たしそうだ。しかし、山城と近江の国境は、古くから山科盆地内の追分とされてきた。

関所といえば、古いところでまず、不破、鈴鹿、愛発《あらち》の三関が知られる。律令制のもとに規定されたもので成立年代はそれぞれだが、これら「三関」は、天武天皇元年（六七二）に起こった壬申の乱の産物といっていいだろう。天智天皇の死後まもなく、大海人皇子は大友皇子が天智天皇の山陵を築造する名目で兵の動員をおこなっていることを知り、出家して隠棲していた吉野で挙兵、美濃に軍陣を組み、不破道を封ずる。これが後に不破関となる。さらに、朝廷側が伊勢、尾張と組んだと知ると、先手を取って伊勢に入り、鈴鹿関をおさえた。愛発関は設置の詳しい経緯も正確な位置も不明だが、ただ、天平宝字八年（七六四）、太政大臣からたちまち逆賊に一転、敗走する藤原恵美押勝（藤原仲麻呂）が越前国へ入るため、愛発関を目指したという。その愛発関は、壬申の乱で、北方から近江に攻め込む大海人皇子側の軍勢がとったルート上にできたものと思われる。また、恵美押勝は乱の直前、「三関の兵事役」についており、この頃「三関」は一体のものだった。

この三関を桓武天皇は延暦八年（七八九）、平安遷都の五年前のことだが、廃止された。このとき、関所に納められていた「兵器」が取り除かれているから、三関が軍事施設であったことはまちがいないが、その機能を果たした事例はほぼなく、人の往来や交易の邪魔になる、ということだった。他の関所も順次廃止されていったようだ。逢坂関については、『日本紀略』の延暦十四年八月己卯の条に、「廃近江国相坂剗（逢坂関）」とあって、平安遷都の翌年に廃止されたと書かれている。なぜその時期だったのかはわからない。所在地も不明。とにかく、この関の開設は遷都前のことで、その頃にはまだ京と大津を直線でつなぐ大津街道――現在の東海道はできていない。

ところで、「関所は廃止された」と述べたが、厳密にいえば、正しくない。実際は、特別の機会にかぎり従前の機能が存続していた。それは中央において重大事が発生した場合――たとえば天皇、上皇の病、没、譲位、謀叛等の場合で、とりわけ天皇、上皇が崩御された時には、万一に備え、古くから「三関」に固関《こげん》使を派遣し、関を守らせたもので、そのならいが後々までつづいた。ただ「三関」はその時どきで変わったようだ。桓武天皇が大同元年（八〇六）に亡くなられたときには、美濃、伊勢、越前が固められた。桓武天皇の第二皇子、嵯峨上皇が弘仁十四年（八二三）に亡くなられたときには、美濃、伊勢、近江を固守。第三皇子である淳和上皇が承和七年（八四〇）に亡くなられたときにも、固関使が遣わされたのは美濃、伊勢、近江で、ここでいう「近江の関」は、逢坂関を指すとみてよかろう。愛発の関を固めるよりは、平安京に近い逢坂関を固めた方が、都城防衛としては、より効果的だ。爾来、この三つの関所が「三関」として定着する。逢坂関までの道は旧東海道が使われたはずだ。

　三関には、いつ固関使が送られてきてもよいように兵器などが備えられ、それなりの施設があり、管理、維持する関守もいたはずだが、前述のように機能することはごくまれなことで、それも一時的なことだから、一般庶民の生活には関係がなく、大方の人にとっては、あってなきがごときものだったのだろう。古来、多くの人が逢坂峠を越え、「逢坂の関」を歌に詠んでいるの

逢坂山越『伊勢参宮名所図会』

に、関所そのものについて語った人は見当たらない。

余談だが、逢坂関を詠んだ歌が多い点について。歌人は関を実見して詠んだわけではない。「逢坂関」は前出の「歌枕」で、逢坂山を通るときには、先人が詠んだ関の秀歌を枕にして、類歌を詠む——それが歌の道だった。関の歌があれば、いつの世のことか知れないものの、とにかく、関があったことを表す。しかし、歌が詠まれた時点で、存在したか否か、明記されていなければ、不明だ。

山科関連の歌枕に、もうひとつ「音羽の滝」がある。これも数多く詠まれてきたが、滝は音羽山の麓にあり、街道からは見えないし、訪れるのも容易ではない。滝をみて歌に詠んだ人は、「逢坂関」と同様に、皆無ではないか。

さて、関所が停廃止されてから七十年近くたった文徳天皇天安元年（八五七）、大石、竜華《りゅうげ》、逢坂に新たに関所が設けられた。大石と竜華の関所は新設だったが、逢坂関は旧関が再利用された。だから道は旧東海道だったことになる。逢坂関だけ旧関が使われたのは、機能が他の二関と同じだったからだろうが、その機能とは何だったのか。

この新三関の設置の意味が釈然としない。なぜこのとき、唐突に、関が設けられたのか。世情は安定し、軍事的な関所を設けるいわれがない。それに、逢坂は別にして、大石、竜華は軍事的要衝というにはほど遠い。

大石は、湖南のひと気の少ない、牧歌的な集落で、昔も変わらなかったろう。問題視するなら、旧北陸道上にあり、かつ、近江と山城の国境にあることだろう。

竜華は旧北陸道（現・西近江路）の堅田と、京都の若狭街道（通称・鯖街道）の途中（地名）を比叡山系の山をまたいでつなぐ山路沿いの山村。その存在を知る人もまれだ。「竜華越えの道」が開けたのは、西近江路を湖北に向けて進むと白鬚神社のある打下《うちおろし》あたりで、比良山系の山が湖水に張り出し、通行に支障をきたしたので、それを厭《いと》う旅人が、迂回路を求めたからである。そしてその竜華も近江と山城の国境をなす。

実は、新三関は、近江国司の要望によったもので、朝廷の国家戦略によるものではなかった。だから、旧三関とは性格をことにしている可能性はある。国境の意味については、「都城の鎮護」の節で簡単に話したが、ここでもう少し詳しく述べておきたい。

いうまでもなく、国境は国と国との堺（境）で、国防の要衝にほかならない。国防は外敵から国を守ることだが、外敵は人とはかぎらない。禍を起こす邪鬼も敵で、中に疫病神がいた。疫病は伝染病のこと、いったん発生すると、たちまち蔓延、多数の犠牲者を出した。しかも、頻発した。とりわけ遷都直後の平安京では多かった。新都に地方の貧民が押し寄せ、生活環境が悪化したということもあろうし、外国との交流が盛んになって、それまでわが国では知られていなかった病気が伝わり、免疫をもたない者が犠牲になったということもあったのであろう。医学が未発達でこれといった予防法も治療法もなかった時代のこと、いったん発生すれば、多大の犠牲者を出した。それに対し、朝廷がおこなえることといえば、神仏の加護にすがるか、道饗祭《みちあえのまつり》のような祭事をおこなうしかない。宮城と都城を守る祭礼は「四角四境祭」とよばれ、平安時代の代表的な祭礼となっている。按ずるに、文徳天皇が設けられた新三関は、疫病祭の祭場だったのではなかったか。

話は変わり、関所の所在地を探ってみた人がいる。先に名の出た、文久二年（一八六二）に上洛した将軍家茂のお供をした萩原貞宅で、逢坂の峠の茶屋で一服した後に追分に向かい、ここが近江と京の国境なので、逢坂関はこの辺にあるだろうと探してみたが、土地の人はだれも知らなかった――と『都紀行』に記している。なんと、彼ははなから逢坂関が逢坂峠にあるとは思っていない。そして、峠では関所を通過せず目にもしていない。見落としたわけでもない。追分の住民がその存在を知らなかった。つまり貞宅が探ったのは新東海道で、それでは関が見つかるはずはない。

ところで、東海道の道中絵図に、寛政、享和頃（一七八九～一八〇四）に幕府の道中奉行が作成した『東海道分間延絵図』がある。そこに描かれた逢坂峠には、「逢坂関」、あるいは「関跡」の表記はなく、ただ「関の明神」と書かれているだけ。この社は今もあって、「蝉丸神社」と称し、問題の「逢坂山関跡」の碑は、その横にある。そこに逢坂関があったとされるのは、ひとえに、かたわらに「関の明神」が祀られていたからである。さらにいえば、ここに関所があったから、そばに祀られていた神が「関の明神」と称せられたわけだが、肝心の逢坂関の所在が、今もって確定しない。

実は「関の明神」は東海道に沿って、三カ所で祀られている。右の社が上社で、麓の大津逢坂町にあるのが下社。現在名は「関蝉丸神社」だが、かつては「関寺明神」といったらしい（『近江名所図会』）。両社の中間に中社があるが、話題にするほどのものではない。どれがもとの社か知れないが、一応、境内に「関の清水」がある下社とされているようだ。

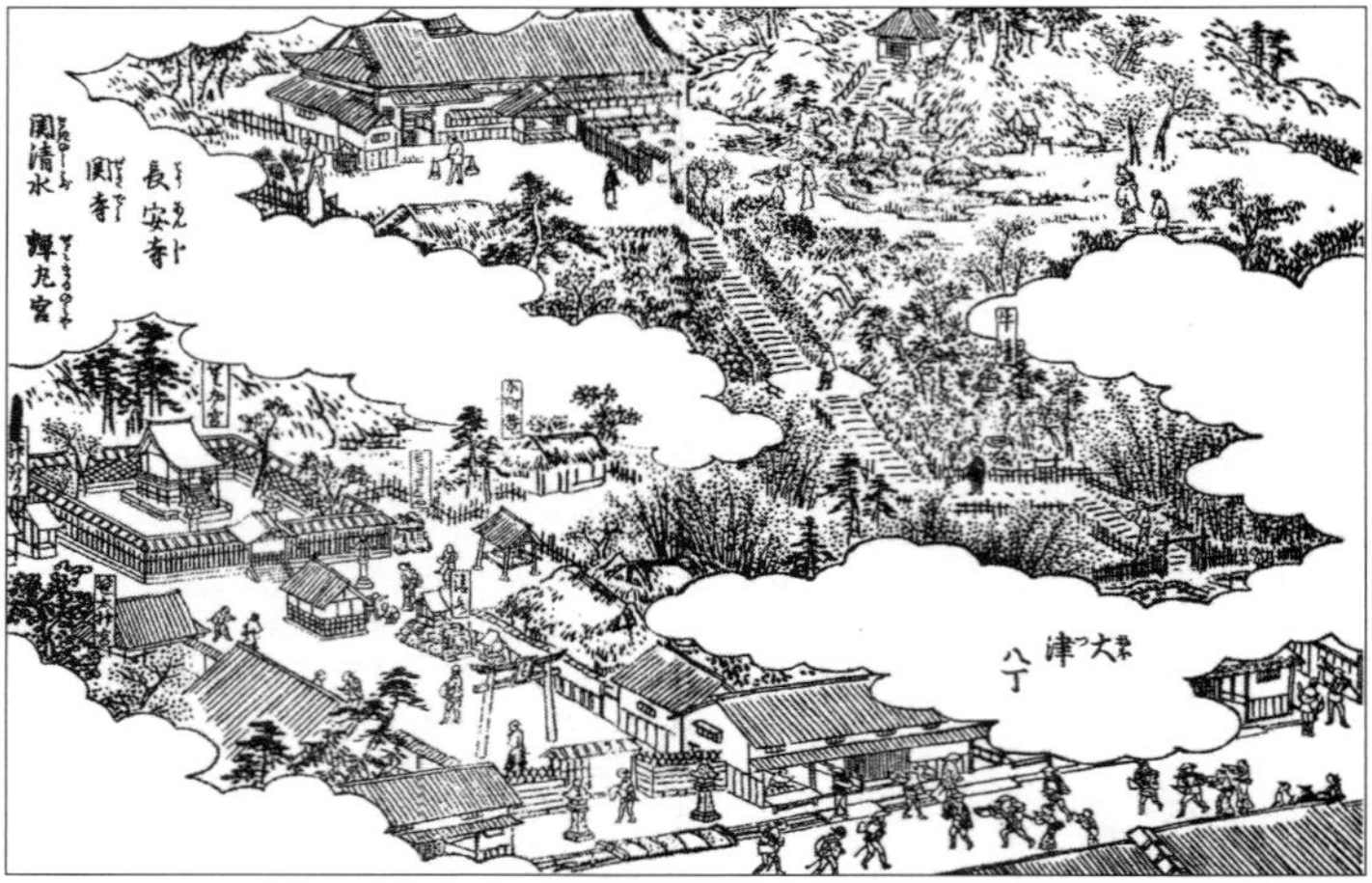

大津　関蝉丸神社『近江名所図会』

意外な筋から逢坂関の実相が明らかになった。関の後日談が外記《げき》（太政官内の記録や公事をつかさどった官）の中原師守《もろもり》『師守記』貞治六年（一三六七）六月二十六日条に載る。「今朝三井寺管領関所被破」とあって、この日、三井寺が管理する関が破壊されたことを伝え、「関山関、四宮川原（号・小関）、松阪峠関」の三関が、今川、山名らの勢力によって焼き払われている。これより早く、三井寺が南禅寺の関を破壊、その報復として三井寺所管の右三カ所が焼き打ちにあったものである。「関山関」は、いわゆる「逢坂関」であろう。意外や、逢坂関は三井寺の管理下にあった。小関の関は四宮河原にあったとされており、山の麓にあったことになる。松阪関は呼称から察して、粟田山の峠にあったことになるが、関は必ずしも峠にある必要はなかったようだ。逢坂関も、峠にあったと考えるにはおよばない。

「四宮河原」はかつて内蔵寮四宮川原率分所《りつぶんしょ》があった

ところで、「率分所」とは、「中央官庁」が、地方国衙（国庁）から上納されてくる通常経費の不足分を補う目的で設置した関所（『日本史大辞典』）で、南北朝時代頃からその管理が有力社寺や守護にゆだねられるようになり、結局は、彼らの収入源になるに至ったとされている。『師守記』によれば、焼けた三関の地は、翌日、若狭守護一色範光に与えられている。一色氏はそこで関銭の徴収をおこなったのではなかったか。

逢坂関のことは、『東海道名所図会』「逢坂関」の説明がさらに詳しい。「旧関は逢坂山の峠より少し東、上片原尼寺のほとりをいふなり…関守十二人、又寺門より刃壇衆《けんだんしゅう》二十人、兵具厳重にかざりて、金剛力士のごとく忿怒《ふんぬ》の眼を張りて並び居る、と旧記にみえたり」。「寺門」は三井寺のこと。「刃壇」は「検壇」のあて字らしく、そうであれば、今日の「警察」にあたるが、ここでは「僧兵」をいうようである。関守十二人に対して、三井寺の僧二十人――僧の方が数多い。この僧らの職務は何だったのか。僧のことだから、やはり法事だったはず。つまり、仏法で邪鬼を払い、王城を鎮護したとみるのが正解だろう。

なお、右書は「刃壇道」の項を設け、「近松寺山の麓の小径なり。上古逢坂の関所ありし時、寺門刃壇衆二十人関所へ詰めし時通ひし道なり」と述べる。この道は、本書第一章に名を挙げた横山桂子の『露の朝顔』によれば小関越え道で、例の関蝉丸神社の横に出た。筆者は、小関越え道は三井寺止まり、と思っていたが、その先まで延びていた。大津市内の京町に「札の辻」という地名がある。「札」とは「高札《こうさつ》」のこと。昔、法度や掟書きなどを記して人目の付く場所に高くかかげた札で、人の往来の多い所といえば、幹線道路が交わる交差点。ここがかつての東西旧北陸道が交差したところだ。関所の設置

大津　札の辻

もこのような場所で、逢坂関はこの辺にあった——と筆者は結論する。

それを証左するのが『源氏物語』の「関屋の巻」。逢坂関が舞台になっている。光源氏が心をよせた空蝉が、夫の常陸の介の任期満了で帰洛するとき、石山詣の光源氏の一行と逢坂関のあたりで行き会う。空蝉が打出の浜に着いたところで、光源氏の一行が粟田山を越えたと聞き、狭い道なので「関山」で待つことにする。待つほどに光源氏の一行が「関屋」から現れ、光源氏は御車の簾《すだれ》を下ろし、一言あいさつをすると、そのまま去った。そのそっけなさに落胆した空蝉が詠んだのが、「行《ゆ》くと来《く》と、せきとめがたき涙をや、絶えぬ清水と人は見るらん」で、「せきとめがたき」の「せき」は「関」、「絶えぬ清水」の「清水」は関蝉丸神社の清水にかけている。ともあれここでは、空蝉の一行は道をゆずって待機しているのである。待機できるほどであるから、この「関山」は山中の狭い峠でなく、山麓の関蝉丸神社あたりだった、とみていいのではないか。

十　関の明神

関の明神とはいかなる神なのか。『東海道名所図会』は、「関明神祠」について、「祭神二座、一座は猿田彦命、又道祖神、あるいは幸神とも称へ、一座は蝉丸ノ霊を祀る」と記す。蝉丸は実在の人物だが、多分に伝説的で、本来の神は、はじめの三神とみてよかろう。「一座」とあるから、三柱でなく、ひとりの神、即ち猿田彦命、別名道祖神、幸神を祀っていることになる。

逢坂山峠の関大明神

猿田彦命《さるたひこのみこと》は『記紀』神話の天孫降臨譚に出てくる。天上の神々が下界の葦原中国《あしはらのなかつくに》—日本—を統治するために、天照大神の孫である瓊瓊杵尊《ににぎのみこと》を派遣することを決め、天孫が天下りしようとすると、〝天の八衢《やちまた》（四つ辻）〟に異様な風貌の人物が立っている。そこで天鈿女命《あめのうずめのみこと》を遣わして、何者か問わせると、猿田彦と名乗り、天孫の道案内にきました、というので、この神に案内をまかせ、天下ったところが九州の日向の高千穂峰で、おかげで大和制圧はこの道草の後におこなわれることになる。

それはそれ、その後、猿田彦命は天鈿女命に送られて伊勢におもむき、そのまま消息がない。だから神話からはこの神の実像がつかめない。一応、この故事によって、「道の神」とされているが、この故事は『記』には載るものの、『紀』では「本書」に載らず、「一書に曰く」として挙げられた、八つの異説のひとつにすぎず、信憑性が問われる。

こんな身元も知れぬ、天孫の道案内をしただけの神が、神祇信仰では抜群の人気で、異称も多い。室町時代になって卜部兼邦の『兼邦百首歌抄』に、「神宮にては興玉《おきたま》神、山王にては早尾《はやお》、熱田にては源太夫、道祖神ともいい、衢《ちまた》の神ともいへり。幸神《さいのかみ》ともいへり。船にては船玉ともいへり。又、幸魂ともいへり。蹴鞠の坪においては鞠の明神とあらはる」(表記筆者改め)とある。この文はそっくりそのまま『神道名目類聚抄』に取り入れられ、以後、猿田彦命紹介の常套句になった感がある。

さらにいえば、春日大社の地主神とされる榎本神、近江多賀大社の地主神とされる田中神、湖西高島の白鬚《しらひげ》神の正体も猿田彦命とされている。伏見稲荷大社の祭神三座は異説が多いが、一説に、宇迦之《うがの》御魂《みたま》、佐田彦《さたひこ》、大宮能売《おおみやのひめ》とし、佐田彦は猿田彦のこととする。茨城の猿島はサシマ、人名の猿渡もサルワタリ、サワタリと二通りの読みがあり、「猿田」はサルタでなく、サダだという説は、それなりに傾聴に値する。

猿田彦命の異称とされる道祖神は、今日ではドウソジンとよび習わしているが、正しくはサイノカミで、平安京の道祖大路は「サイの大路」といった。現在は「佐井通」と書く。道祖神と幸神は表記が異なるが、読みは同じで、同一の神である。

サイノカミの表記には、幸神、道祖神のほか、塞神、岐神、衢神などというのもある。幸神は好字の奨励（初見は『続日本紀』元明天皇和銅六年（七一三）五月二日条「畿内七道の郡郷名には好字をつけるべし」）による。道祖神は「路傍の神」であることを示す。塞神はこの神の辟邪《へきじゃ》の機能を、岐神と衢神はこの神のありよう——つまり、もっぱら四つ辻に立っていることを表している。

サイノカミは『記紀』の何カ所かに出てくる。まずは『記』の海彦、山彦の話の中で、海彦の釣り針をなくした山彦が、竜宮でそれを見つけ、ワニの背に乗ってもどってくる。岸に着いて、お礼に身につけていた小刀をワニの首にかけてやり、そのワニを「今に佐比持《さひもち》神とぞ謂う」と記す。これに従えば、サイは小刀のことになる。

『紀』の方は、神武天皇の熊野遠征の折のこととして、皇軍が熊野灘を渡る際、暴風雨におそわれ、進路をたたれたものの、天皇である稲飯命《いないいのみこと》が剣をぬいて海に飛びこみ、海神の怒りをしずめ、鋤持《さいもち》神の名で崇められた、とする。これによるとサイは小刀でなく、剣である。

歴史時代に入って、『紀』に、推古天皇二十年（六一二）、宮中の正月の宴で、蘇我馬子が寿《ことほ》ぎを申し上げると、天皇はご機嫌で、「蘇我よ、お前は馬なら日向の駒、太刀ならば呉の真刀《まさひ》」とことばを返された、とあり、サイは刀は刀でも、舶来の刀とされている。

それを裏づけるように、素戔嗚尊《すさのおのみこと》の八岐大蛇《やまたのおろち》退治を語る『紀』の一書が、斬った尾から出た草薙剣《くさなぎのつるぎ》を

「韓鋤《からさひ》の剣」とよんでいる。ちなみに、別書は、草薙剣は奈良の石上神宮《いそのかみじんぐう》にある、としており、当社には船来の国宝・七支刀《ななつさやのたち》がある。

ところで、剣に長い柄をつけると鉾になる。サイノカミは現実には幸鉾を依代にしてきた。この鉾について、出雲路通次郎『神祇と祭祀』は、「一名祭鉾《サイ》ともいって、山字形の鰭《ひれ》を付けた鉾である」と述べ、剣先が山字形に三つに分かれている鉾とする。一方、『神道名目類聚抄』は、「犀矛《さいほこ》　道祖神の鉾なり」とし、犀は三本の角をもつという誤解から、三叉鉾が「犀矛」とよばれたとみる。「犀矛」を「幸鉾」と書くのは、やはり好字の奨励によっている。

なお、三叉鉾のことを英語ではトライデント（三つの歯）といい、ギリシャ神話の海神ポセイドンのもち物で、彼の威力のシンボルとなっている。これが古代ペルシャの神の手に渡り、さらにインドのバラモン教（今日のヒンズー教）の破壊の神、シバ神が伝え受け、この鉾をもった仏教の神が執金剛神《しゅこんごうしん》で、俗に〝仁王さん〟とよんでいる。平安京の羅生門を守った、三叉鉾を手にする兜跋毘沙門天《とばつびしゃもんてん》は、その系統上にある。

幸鉾が登場する神事に、上京区の御霊神社の神事がある。当社は貞観五年（八六三）の疫病流行に際し、朝廷が神泉苑でおこなった御霊会を濫觴《らんしょう》とする。疫病が発生すると、人々は常のごとく、神仏に疫神退散を祈ったが、効なく、世間ではそれを政争に敗れた人―とりわけ桓武天皇の平安遷都にあたって非業の死をとげた早良《さわら》親王（崇道《すどう》天皇）の怨霊―のせいとし、世論におされた朝廷は、神泉苑で怨霊をなだめ鎮める法会をおこなった。『日本三代実録』がそれを詳録する。雅楽や雑技散楽、騎馬芸、相撲などがおこなわれ、みるからに慰霊祭だが、僧による金光明経、般若心経の読誦もされている。

疫病は翌年も発生。次の年も発生の気配があったので、朝廷は「僧四口を神泉苑」に、「僧六口を七条大路の衢《ちまた》と朱雀道の東西」に遣わし、朝夕二回に分けて般若心経を読誦させ、夜は「佐比寺の僧恵照」に「疫神祭」を修《しゅう》せしめた。佐比寺は佐井道にあった寺で、当地にサイノカミが祀られていたことをうかがわせる。都の葬地にさだめられていた地で、疫神祭をおこなうのにはふさわしい場所だ。

『日本三代実録』には出ていないが、貞観十一年にも疫病がはやった。そのときには祇園社で祀る牛頭天王の祟りとされ、当時の日本の国数である六十六本の鉾を立てて、神泉苑に送った。これが京の夏の風物詩、祇園祭のはじまりとされている。行列の先頭を行くのは長刀鉾だ。

これにならったものか、『都名所図会』の続編『拾遺都名所図会』に載った御霊神社の「御霊神事図」では、神幸の先頭を行くのは多数の鉾で、それに二基の神輿がつづく。よく見ると、その前に一台の山車が描かれ、「猿田彦」と表記されている。これを補足説明するのが、江戸時代初期成立の黒川道祐『日次記事』で、山鉾の八本が「幸鉾」、八本が「祭鉾」で、神輿を先導するのは「道祖神」の仮面とされ、「仮面の鼻長大。俗に王鼻と称す」とあって、鼻の長い神といえば、猿田彦命にほかならない。今日でも、全国の祭礼の神幸の多くで、天狗面の人物が神幸の先に立ち、猿田彦命とされている。『難波土産』（元文三年・一七三八）の作者、穂積以貫も「猿田彦、神事の先へ悪魔をはらふ鼻高の事なり」と喝破する。

猿田彦命が御霊神社で格別の扱いを受けたのは、社が建つ以前からいた土地の神——つまり地主神だったからだ。神社の門前に猿田彦命の祠があり、駒札に、「桓武天皇　当社の託宣に依り平安遷都せ

御霊神事（猿田彦命の神幸）

られたと伝える」の説明がある。その通りであれば、猿田彦命は遷都以前から祀られていて、大きな影響力をもっていたことになる。実際、御霊神社は遷都後に朝廷の崇敬を受け、応仁の乱で焼失するまでは、数多くの社殿が建ち並ぶ大社だった。

さらに、その南の幸神町には、古来、「出雲路の幸神」の名で親しまれた幸神社《さいのかみのやしろ》があり、猿田彦命を祀る。丹波を経て出雲に至る街道の口――「京の七口」では鞍馬口にあたる地で、しかも皇居からみて、陰陽道で邪鬼の出入り口とされ「鬼門」と称せられる東北角にあたる。だから本殿の欄間には御幣をかついだ鬼門除けの猿が安置されており、同様の像は、内裏の鬼門にも置かれている。

鬼門に対しては逆鬼門があり、西南角をいう。『宇治拾遺物語』の「道命阿闍梨《どうみょうあじゃり》が和泉式部のもとで読経し、五条の道祖神《どうそじん》が聴聞した事」に出てくる〝道祖神〟が、今も西洞院松原の辻に祀られている。

同じ五条の、五条大橋のある東南角にも、猿田彦命の祠がある。伏見を経て奈良に行く街道の出入り口で、五条橋口（竹田口とも）とよばれていたところ。かつてこのあたりは森で、「幸神の森」と俗称されていた由で、やはりここでもサイノカミが祀られていたようだ。

右京区の山之内にも猿田彦神社がある。『山州名跡志』（正徳元年・一七一一）には「幸神社」として載り、「所、祭レ道祖神」とある。一般には「山之内の庚申さん」で通っている。庚申信仰のことは別にみる。

以上ざっとではあるがみてきたように、平安京を守ってきたのは猿田彦命だった。実体はサイノカミで、神剣に宿る神だから、防衛を託されたのであろう。

つまるところ、猿田彦と同体の関の明神の神徳は降魔で、この神を祭神とする関所の職掌も元来はこれと同じだったとみてよかろう。

十一　大津絵と信仰

東海道の追分と逢坂山峠の間の谷を「大谷」とよぶ。その中間に山水がわき出る箇所があり、古くから旅人の休憩所となっていた。『蜻蛉日記』の作者も唐崎祓と石山詣の折に、ここでひと休みしている。その頃は、あたりにはまだほかに何もなかった。近世になって、旅人の数が増えると、その山水を引いて井戸――「走井」ができ、これを中核として、山麓の追分まで茶屋や土産物が立ち並ぶことになる。

土産物の中でとりわけ人気があったのが、旅人相手に大量に描かれ、安価で売られた土産絵――通称「大津絵」だった。戯画とよばれるように「ざれ絵」で、代表的な画題に藤娘、鬼の念仏、座頭、瓢箪《ひょうたん》鯰《なまず》、槍持ち奴などがある。稚拙さがかえって受けて、愛好する人が今もいる。

その大津絵は、もとは仏画だった。近くに三井寺の名で知られる園城寺があり、絵の得意な法師が寺の仏像を写生、東海道を往来する旅人たちに売っていたことは想像に難くない。三井寺の寺領は追分までつづく。

そして、描かれた仏は特定ではなく、多種にわたった。芭蕉の有名な句に「大津絵の筆のはじめは何仏」があるが、正月を大津で迎えた芭蕉に「画工たちは筆はじめに何仏を選ぶのだろう」と思わせるほどだったということだろう。

それが何仏だったか知れないが、とりわけ多く描かれたのが「青面金剛《しょうめんこんごう》」で、原画が三井寺にあっ

大津絵の「青面金剛」

た。先述の黒川道祐が延宝六年（一六七八）に当寺を訪れ、紀行文「三井行程」（『近畿歴覧紀』所収）をものし、その中で次のように記す。「青面金剛ノ画像アリ。此会（縁）日庚申ナリ。蛇ヲ袈裟ニシ、髑髏ヲフム。悪魔降伏ノ神ナリ」。なんともおどろおどろしい仏ではある。

この仏になじみがなかったので、手元の仏像事典を調べてみると、載っていない。やっと吉川弘文館の『仏像図典』で見つけたが、「庚申信仰の本尊として祀られるに至った」仏とされている。正規の仏でなく、あとでつくられた仏だった。こんな恐ろしい仏を本尊とする庚申信仰とはいかなる信仰なのか――。

青面金剛は庚申信仰の本尊とされるが、肝心の信仰そのものが判然としない。

「庚申」とは干支のひとつで、六十日ごとにめぐってくる。この日、人々は寝ずに夜を明かす。これを「庚申待《まち》」といい、それをおこなう庚申講がある。柳田國男が立ち上げた日本民俗学会が興味をしめし、調べてみると、講員は当夜、頭屋に寄り合い、飲食、歓談しながら一夜を過ごすだけのことで、神事、あるいは法事らしいものは何もない。何の行事かたずねても、答えられる者はなく、祭神も知らない。学者が途方にくれたのも無理はない。

一方、信仰の証である、信者が建てた供養塔—庚申塔、あるいは庚申塚とよぶ—は全国津々浦々にあり、地蔵、道祖神と並ぶ、いわゆる「路傍の神様」の代表で、そこに出てくる神仏名を見ると、青面金剛と猿田彦命を筆頭に、雑多な神仏が顔をそろえ、一見、いかなる信仰なのかわからない。加えて、塔には猿——それも多くは見猿、聞猿、言猿の三猿が表わされていて、先駆的な研究をおこなった山中共古翁は「三猿塔」と命名しているが、三猿が宗教とどう関係するのか。結局、柳田民俗学は、「謎の民間信仰」のレッテルを貼って、さじを投げた。

「庚申信仰」は、江戸時代に、江戸を中心に盛行。「江戸の流行神」といわれたほどだ。庚申塔も多くがこの時代に建てられた。ところが、明治の声を聞くと、信仰はおとろえ、庚申塔の建立もとだえる。何があったのか。実は、明治新政府が淫祠の禁令を発し、それにふれたためで、もともと、まともな信仰ではなかったことになる。

この謎の信仰の淵源が、古代中国の民間道教でおこなわれていた「守庚申」であることを突きとめたのは、道教学の大家、窪徳忠《くぼのりただ》氏だった。『庚申信仰の研究　上巻』（原書房・昭和五十五年、学術振興会・昭和三十六年刊の複製）によると、古代中国人は、人の寿命がまちまちであることに疑問をもち、本来、人の命数は無限で、悪行によって短縮する——と考えた。聖人は不死で、それが仙人にほかならないと答えを出したのである。では、だれが個々人の行動を監視し、寿命を決めるのか、といえば、人の体内に三尸《さんし》という虫がいて、宿主の行動を見張り、庚申の夜、人体を抜け出して、天帝に報告に行き、それを基に天帝が評価する、とした。聖人君子ならぬ凡人は、庚申の日がくるとあわて、同夜は不眠で三尸の動きを制することになる。それが「守庚申」で、つまり、延命長生呪法だった。

要は、庚申の夜を徹夜で過ごせばよいこと。しかし、ひとりで一夜を不眠するのは難儀だし、おもしろくもない。そこで同志をつのり、講を組み、眠気ざましに飲食、歓談していた、というわけである、貴族は詩歌管弦に興じたもので、これを「庚申御遊」と称していた。その様が『栄花物語』の「花山の巻」によく描写されている。たまたま正月が庚申にあたったので、東三条殿の女御と、梅壺の女御の双方の若者たちが、「年始めの庚申だから、会をしましょう」といい出し、それではと皆が集まって、翌朝の一番鶏が鳴くまで和歌を詠み、碁、双六に興じたりした。最後に「この若者たちがいらっしゃらなかったら、今夜の眠気ざましはなかったでしょう」という女房の感想があって、ここでは宗教的な行為や雰囲気は、少なくとも文面上、出てこない。

京都の八坂庚申堂の庚申像お札

根が呪法で、信仰でないから、神仏とは無縁のはずだが、「本邦最初の庚申堂」を名乗る大阪の四天王寺庚申堂が「庚申縁起」を発行し、仏教とむすびついた。「庚申縁起」は次のように語る。

文武天皇の御代に疫病がはやり、四天王寺の「民部の僧都」が疫神退散の祈祷をしていると、庚申の年、庚申の月日にあたる大宝元年（七〇一）一月十七日、僧都の前に、帝釈天のお使いと称する青衣の童子が現れ、除災無病の方便を授け、その呪法をおこなうと、疫病はたちまち治まった。そこで童子をかたどった青面金剛像をつくり、堂に納め、爾来、庚申修法をおこなうことになったという。密教呪法の中に「青面金剛除病降魔歓喜秘法」というのがあるのが、それであろう。

童子の出現した年月日が「庚申」でないことから、窪《くぼ》氏は「庚申縁起」を偽書とされたが、「庚申の年、庚申の月、庚申の日——」とするのは、他にも例を見る呪文句で、とくに問題にすることもない。

それより問題にしたいのは、「四天王寺庚申堂」という名である。堂は四天王寺の境内でなく、南大門の南二百メートルの天王寺地区にあるから「天王寺庚申堂」とよんだほうがいいかもしれない。古くには、四天王寺の別当は比叡天台で、この堂も天台派の可能性がある。

それを裏づけるように、四天王寺庚申堂と並んで、「日本三庚申」のひとつとされるのが、京都市の八坂庚申堂で、青面金剛を祀る。天台宗の寺であり、正式名を「大黒山金剛寺延命院」というが、この名称にも、庚申待とのつながりが現れているようだ。山号の「大黒」は、比叡天台がとりわけ敬った「三面大黒」を表し、大黒天は七福神の「大黒さん」と異なり、青黒い、忿怒相の仏で、これが青面金剛の原像ではないか——。

もうひとつ見逃せない庚申堂がある。粟田口に位置する天台門跡寺院のひとつ、青蓮院の塔頭、金蔵寺にあった庚申堂で、「日本三庚申」ではないが、東海道に面していたことと、堂に安置されていた三猿が天台宗の開基、伝教大師最澄の御作とされていたことから、抜群に知名度が高かった。三井寺を訪れ、都にもどってきた黒川道祐は粟田口にさしかかり、「三猿堂アリ。本尊青面金剛ナリ。庚申ノ日ハ貴賤男女詣人群リ集レリ」と紀行文に記す。

本尊は青面金剛とされながら、堂が「三猿堂」とよばれたのは、もともとの本尊が三猿だったからだ。斎藤徳元の『尤草紙《もっとものそうし》』（寛永九年・一六三二）の「ものいはぬ物の品々」の項に、「都粟田口に三しんたう（三申堂）といへる宮あり。中尊はいは猿とて口をふたぎてあり。わきたち（脇立）はみ猿きか猿也。伝教だいしの御作なり」とある。浅井了意の作とされる『出来斎京土産《できさいきょうみやげ》』（延宝五年・一六七七）の説明はさらに詳しく、最後に「ただ猿をまつりて福寿を祈るのは……おろかなり」と述べ、同堂の本尊が三猿であったことはまちがいない。

粟田口の庚申堂に関しては、青蓮院の文献記録『華頂要略』に以下の記事がある。「寛永七年（一六三〇）五月、更建一堂安置三猿像。称御猿堂。後年享保年間加青面金剛像」（筆者書改）。これに従えば、青面金剛が祀られるようになったのは享保年間（一七一六〜三六）のことで、本尊の交代でなく、単なる追加だったようだが、結果的には、仏尊が上位に立ち、三猿はそのお使いとされるに至ったようだ。

三猿については古くから、伝教大師の創案とされてきた。大師が天台の根本止観《しかん》である「空仮中の三諦」を不見《みざる》、不聞《きかざる》、不言《いわざる》に比し、否定形の「不《ざる》」が「猿」に通じることから、猿で表された、とする。一方は宇宙観、他方は処世訓で、両者はむすびつかないが、音が相通じるのは日本語にかぎることであり、とすれば三猿は日本の生まれ、とだれしもが思う。筆者もそうだった。ところが、アフリカ旅行中にたまたま土産物屋で三猿に出会ったことから、出自に疑問を抱き、調べてみると、三猿は世界中どこにでもあり、その歴史も古い。古代エジプトにも三猿ポーズの土偶があるということは三猿が異郷で生まれたことはまちがいない。どのようにしてわが国に伝来したのか。考えられるのは、仏像として伝わった、ということだ。仏像の中には、象の姿のガネーシャや、鳥の姿のガルーダがある。猿像を仏像として受容することには、何の抵抗もなかったはずだ。

これで猿の説明はついた。では、庚申塔で猿と一緒に居並ぶ雑多な神仏のほうはどうか。どのような神の名があるのかと調べてみると、幸神、岐神、衢神、塞神、都波岐《つばき》神、大田神などで、いずれも先にみた通り、猿田彦命の別称だった。つまるところ、庚申尊として祀られていたのは、猿田彦と青面金剛だった。それにしても、猿田彦は神道の神で青面金剛は仏尊、なぜ神と仏が一体になっているのか。

しかしこれは簡単なことで、明治新政府が神仏分離令を発するまでは、神仏は一体だった。神仏習合は、外来の宗教である仏教を、わが国で広めるために仏家がもち出した理論で、わが国在来の神は、インドの神が日本の衆生を済度するためにとられた仮の姿で、もともと両者は同じ、とする本地垂迹《ほんちすいじゃく》説による。比叡天台もこの説に乗り、比叡山の山頂に根本道場となる延暦寺を建てると、山麓坂本で祀られた先住の神・日吉神を「山王」の名で護法神として崇め、上中下各七社からなる「山王二十七社」の神々に本地仏を定めている。したがって、猿田彦命の本地仏がすなわち、青面金剛というわけだ。

なおこれまで説明なしに使ってきた「比叡天台」ということばだが、この比叡山の山頂、山麓の神仏が習合した形をいっている。そして神仏一体というものの、現実に上位に立っていたのは仏教だった。

一般的には、青面金剛は仏家が庚申堂で祀り、猿田彦命は社家が庚申社で祀ってきた。庚申信仰は、宗教として存在し、粟田口庚申堂の縁日には、善男善女が群参していた。それなのに民俗学者は、庚申信仰を頭から民間信仰と決めつけ、庚申待ばかりを追っていたから、真相をみそこなうことになった。

話を大津絵にもどす。仏画の青面金剛図の図柄は知れないが、戯画の方には、猿と鶏が加わる。わが国の神には、動物を使いにする神が多い。春日の鹿、稲荷の狐、天満の牛などがよく知られている。その伝で、猿は山王のお使いとされている。比叡天台はこれを「真猿《まさる》」とよび、「魔去る」神威あり、と宣伝してきた。京都御所の「鬼門除けの猿」は、この真猿にほかならない。

一方、鶏だが、昔、世の中が乱れたとき、鶏に木綿《ゆふ》をつけて、都の周辺の関で祓《はら》えをしたもので、「木綿付鳥」とよんだ。鶏を祀ったのは、邪鬼は夜に活動し、一番鶏の鳴き声を合図に冥界にもどると信じられてきたからだ。年のはじめ、鶏の絵を戸口に貼る風習があり「画鶏」は俳句の季語にもなっている。もちろん大津絵にはこれを描く。その中でもとりわけ有名なのが「逢坂の関の木綿付鶏」。やはり逢坂関は辟邪の地だった。

大津絵の仏画が戯画に変わった背景についても一考しておこう。戯画といえば、まず頭に浮かぶのが『鳥獣人物戯画』で、作者の鳥羽僧正覚猷《かくゆう》のことはあまり知られていないが、園城寺（三井寺）の長吏、延暦寺第四十七世座主をつとめた天台僧で、園城寺法輪院で図像集成の運動を起こし、多くの絵法師の養成をした。その頃になっても覚猷の戯画志向は変わらず、『放屁合戦図』を残している。その画風が弟子に伝わった可能性が強い。江戸時代の中・後期の画家として有名な円山応挙が、同じ園城寺の円満院門主に乞われて絵の指導にあたるとともに、自身もしばらくそこで絵の修業にはげみ、この時代に描いた「猿図」が残る。写生画派の祖とされるだけに、写実的だが、一匹の猿がおのれの両手を広げて、目、耳、口をおさえている。つまり、三猿図で、応挙までが、こんな風刺画を描いている。三井寺にはそんな雰囲気があったようである。結果として、そんな戯画が一般に受け、大津絵といえば、戯画と定まることになったようだ。

第四章　山科の開発者

十二　小野氏と和邇氏

今日の町村制では山科区の南限となる小野だが、山科盆地の中央部を占め、かつては醍醐、勧修寺、小栗栖を含む広大な地だった。そこに二つの大寺、醍醐寺と勧修寺が建ち、それぞれの寺領が独立地区となり、残された地が今日の小野ということになる。小野を開発したのは小野氏だった。

小野氏の祖は初代遣隋使をつとめた小野妹子で、一族には雄材が多く、妹子の子、毛人《えみし》が遣唐使、毛人の子毛野《けぬ》も遣新羅使だった。小野篁《たかむら》は遣唐副使に選ばれたが、第一回、第二回とも渡唐は失敗。三回目は人事への不満から乗船を拒否した。さらにこれを漢詩に詠んだことが原因で、隠岐に島流しにされている。学者で、令の解説書『令義解《りょうのぎげ》』の編者でもある。そして、蛙が柳の枝に何度も跳びつくのをみて発奮し、書道の大家になった小野道風は、多くの人が知るところ、篁の孫である。

妹子について、平安時代前期に成立した古代氏族名鑑『新撰姓氏録』は、家が「近江国滋賀郡小野《おぬ》村」にあったので小野姓を名乗ったと述べるが、旧姓は「和邇《わに》」だった――と筆者はみる。

古代近江を支配したのは渡来系の三豪族――湖北坂田郡の息長《おきなが》氏、湖西高島郡の安曇《あずみ》氏、湖西志賀郡の和邇氏で、和邇氏の本拠地が小野村に隣接する和邇だった。小野氏は和邇氏の分家であろう。右書は両氏を第五代孝昭天皇の御子天足彦国押人命《あめたらしひこくにおしひとのみこと》より出た大春日朝臣と同祖としている。『紀』が、「命《みこと》は、和珥《わに》臣らの始祖なり」とするのと符合する。

小野氏と和邇氏が同族であることをうかがわせる証拠としては、両者が古代の朝廷でおこなわれた鎮魂祭に登場する舞姫、猿女《さるめ》の養父であったことが挙げられる。菅原道真編『類聚国史』に、「猿女の養田、近江国和邇村、山城国小野郷にあり。今、すでに和邇氏、小野氏、その氏にあらず、云々」の記事がある。ちなみに、猿女は神話の天孫降臨譚に出てくる天鈿女命《あめのうずめのみこと》の末裔とされている。しかし、彼らの所管の役所は神祇官でなく、織縫《しょくほう》を職掌とする者が所属する中務省の縫殿寮《ぬいどのりょう》で、織縫は外来の技術。これは、両氏の素性を疑わせるものだ。

和邇氏は古代史において活躍した氏族だが、不明な点が多く、〝ナゾの古代豪族〟とされ、一説には、応神天皇の御代に百済から論語、千字文をもってきた王仁《わに》の子孫とされる。「王仁」は『紀』の表記で、『記』では「和邇」となっている。

実は、『記紀』が和邇氏の始祖とする人物はほかにもいる。第九代開化天皇の妃、意祁都比売命《おけつひめのみこと》（『記』）の兄、日子国意祁都命《ひこくにおけつのみこと》（『記』）、第十代崇神天皇が諸国に派遣した四大将軍のひとり、大彦命を補佐した彦国葺《ひこくにぶく》、第十四代仲哀天皇の后、神功皇后の御代に反逆した忍熊王《おしくま》を倒した武振熊《たけふるくま》。それに、第十五代応神天皇が木幡で出会った乙女の父、丸邇之比布礼能意富美《わにのひふれのおほみ》（日触使主）がいる。このうちのだれが始祖かはわからない。とにかく『記紀』に従えば、応神天皇の御代頃には、山科に和邇氏がいたのはたしかである。

和邇氏には近江和邇と大和和邇がある。後者の拠点は天理の石上《いそのかみ》神宮のあるあたりで、櫟本《いちもと》町に「和爾」という地名があり、近くに「和爾下神社」がある。いつの頃からか、次第に勢力を拡大し、春日野にまで進出。これが「春日和邇」、つまり春日氏で、雄略天皇は「春日和珥深目《かすがわにふかめ》の娘」を妃のひとりとされた。その後も和邇氏は多くの皇妃を輩出、外戚として権力をふるうことになる。

ところで、どちらの和邇が本家か。常識的にいえば、大和の和邇だが、常識に反して、近江の和邇の方が古いことを示す史料がある。『続日本後紀』承和四年（八三七）二月之癸卯の条に、大春日、布留、粟田三氏の五位以上の者は、小野氏に準じて、春秋の祭祀にあたり、官符を待たずに、近江国滋賀郡にある氏神に行くことを許可する、という記事があり、氏神は大和でなく、近江にあったから、こちらが旧地とみてよい。布留氏は大春日氏の一族で、始祖が石上神宮の神主。末裔に、崇仏派の蘇我氏に対抗し、廃仏運動の急先鋒となった物部氏がいる。（話がそれるが、実は筆者はこれまで、物部氏はてっきり朝鮮半島からの渡来人だと思いこんでいた。『続日本紀』に、延暦九年（七九〇）のこととして、韓国連《からくにのむらじ》源《みなもと》らが桓武天皇に、三韓人扱いされることを理由に改姓を願い出た話が載るからだったのだが、実際は物部氏の先祖が、朝鮮につかわされた父祖にちなんで韓国連を名乗ってきたもので、彼らは和人だった。）

和邇氏は鉱山事業、とりわけ製鉄にかかわっていたようだ。古代の製鉄の原料は主に砂鉄だったが、近江の場合は、考古学の所見では、鉄鉱石が使われていた。鉄鉱石を採取すれば、後に穴が残る。焼成すれば、鉄くずが残る。それらが見つかるところが製鉄所跡で、焼成にたたら（ふいご）を使うので、たたら跡とよびならわし、近江では至るところに見つかる。

鉄のとれる地は賜田とされ、『続日本紀』には、文徳天皇の御代に、四品志紀親王に「近江国の鉄穴《くろがねのあな》」を、淳仁天皇の御代に、藤原恵美押勝に「近江国浅井、高島二郡の鉄穴各一処」を賜ったことが載っている。「鉄穴」の「穴」は、先述の通り鉄鉱石採掘でできる穴のことで、「穴」のつく地名は、ふつう、製鉄と関係がある。製鉄業者のことは「穴師」とよんだ。

和邇氏の本拠である和邇の南、坂本から錦織《にしこおり》にかけての地域には、古墳時代後期の古墳が密集していて、その中間あたりに穴太《あのう》という地がある。穴太衆は石積みにたけ、城の石垣造りに重宝されたことで有名。しかし、彼らの先祖が穴師であったことを、地名は明かす。

その穴太に対峙する形で、湖東の野洲に兵主《ひょうず》大社があり、もとは湖西の穴太に祀られていた神を当地に遷し祀ったとされている。祭神は兵主神である八千矛神《やちほこのかみ》で、別称を大己貴命《おほなむちのみこと》（大穴持命とも）。一般には大国主命《おおくにぬしのみこと》の名で知られる神で、製鉄業関係者が崇め祀った神である。奈良桜井の穴師座兵主神社《あなしにますひょうず》がよく知られている。和爾下神社はその近くにある。なお、播磨国の兵主神は式内社である射楯兵主《いたてひょうず》神社に祀られ、出雲国では韓国伊太氏《からくにのいたて》神の名で祀られている。ならば、兵主神とイタテ神は同一の外来神で、鉄製の武具や鏡を作っていた渡来系の民—おそらく、和邇、小野氏—が信奉していた神ではないのか。

ちなみに、野洲では、大岩山遺跡で二十四個の銅鐸がまとまって出土しており、平成八年に島根県の加茂岩倉遺跡から一度に三十九個の銅鐸が見つかるまでは、国内最高の銅鐸出土記録を誇っていた。埋蔵者は兵主大社の八千矛神を奉斎した人物だった可能性がある。

次いで小野氏についてだが、「小野」という地名は京にいくつかある。そのひとつが京都市左京区上高野の小野で、若狭街道の入口にあたる。ここに早良親王を祀る崇道神社があり、慶長年間（一五九六

〜一六一五）に、裏山の山中の墓から小野毛人の銅製墓誌が出土し、近江の小野氏が進出してきた地であることが知れた。境内に、付近で祀られていた小野神と伊多太《いたた》神が合祀されており、後者はイタテ神と同一ではないかと疑う。

さらに西よりの左京区静市の市原にある補陀洛寺は通称「小町寺」で、謡曲「通小町《かよいこまち》」では、小野小町の墓所とされている。単なる伝説にすぎないが、当地は古くから小野氏の領地だったところとされており、上高野の小野氏が移り住んだようだ。

小野氏は、近江の国を出た後しばらく定住はしなかった。なぜか。考えられるのは、まず一カ所の鉄鉱石の埋蔵量が少なかったということ。掘りつくせば、新しい鉱山を見つけなければならない。加えて、製鉄は燃料として大量の薪を必要とし、一回の燃焼に一山の木を要す、といわれ、木材をもとめて移動する必要があった。それに、一回の焼成が終われば、鉄塊を取り出すために、炉は壊されるから、定住する必要もなかった。だが条件があえば定住する人もあっただろうし、土地が気に入って、腰を落ち着ける人も当然いたはずで、今も「小野」の名を残すのは、そんな地であろう。

山科でもたたら跡は見つかっている。小関越えの道筋の藤尾と、天智天皇陵の裏手で、数は少ないが、製鉄はおこなわれていた。大津の小野と、山科の小野との中間地であるから、製鉄をおこなったのは小野氏と考えて大過あるまい。

筆者の知るかぎり、山科のたたら跡は右の二カ所だけで、これだけでは製鉄業が盛んだったとは思えない。そもそも山科で鉄鉱石が産出するとは聞かぬこと。代わりに陶土が豊富にあった。そして、事実として製陶業が盛んだった。山科にやってきた小野氏は盆地の中央部まで進出。そこで製陶業に転業し、この地に根を下ろしたのではないか。製鉄法と製陶法は技術的に似たものである。

たたら遺跡

それを説明するようなことがらがある。大正七年、陶工吉村与四郎氏が山科西野山にアトリエを構えた直後、北花山大峰の山中——というから、日ノ岡の南の山のようだが、そこで陶窯が見つかったと聞いて、実地調査に行ったところ、古代の陶窯だった。出土した遺物を調べると、原料の粘土は土地のものだったが、破片の中に〝朝鮮土器〟と同様の模様をしたものがあった。考古学者の見立てでは、千五六百年前の遺跡ということで、吉村氏は「朝鮮より我邦に渡来せし陶人が陶土と薪材が豊富なる此地方に窯を築きて焼いたもの」(『郷土趣味』四号「山科村太古陶窯」郷土趣味社・大正七年)と結論づけた。その陶人が小野氏ではないか——と筆者は考える。

もうひとつ。かつての小野郷である勧修寺の北、大石神社の横を起点とする、市内の今熊野に通じる古道があり、滑石街道とよんでいる。現在の公式な名は「府道勧修寺今熊野線」。この道の山科側

西野山古墳碑

の道端に「西野山古墓」の碑が建つ。大正七年のこと、西野山の村田留吉という人が岩ヶ谷の山林を竹藪にすべく開墾していて、古い墓を掘り当て、京都博物館が発掘調査をおこなったところ、正倉院の御物に匹敵するみごとな太刀が見つかり、鑑定の結果では、奈良時代を下らない太刀であるという。墓誌も出土したが、判読不能なのがおしまれる。今日の技術なら解読もできただろう――。

今となっては問題の墓跡も特定できない。ただ、峠の手前の竹藪の中に、昭和六十年に洛東ライオンズクラブの手で建てられた「この付近　西野山古墓」の石碑がある。被埋葬者はだれか。埋葬品の太刀が「正倉院の御物」並みとされるから、よほど高貴な人物であることはまちがいない。となれば、場所柄、筆者が思いつくのは、小野氏しかない。

ところで、『続日本紀』によれば、恭仁京《くにきょう》を開いた聖武天皇が天平十三年（七四一）九月丁丑に、「宇治及び山科」に行幸されている。目的は記されておらず、不明だが、「五位以上の者、ことごとく駕に従う」とあり、たんなる物見遊山でなかったことはたしか。山科は思いのほか古くから、朝廷にとって大事な地だった。

十三　天穂日命と土師氏

天穂日命神社

ここで天穂日命《あめのほひのみこと》を紹介することにする。なじみのない神だが、『記紀』神話に登場する神である。もっとも、戦後の学校教育では神話を教えないので、神話を知らない人が多い。そこで、神話を語ることからはじめる。

最初、この世は混沌としていたが、時を経て天と地に分かれ、天（高天原《たかまがはら》）に原初的な神が誕生する。その神から伊奘諾尊《いざなぎのみこと》、伊奘冉尊《いざなみのみこと》という男女神が生まれ、まず〝国生み〟でわが国をつくり、もろもろの神を生む。その中の天照大《あまてらすおお》神《みかみ》と、兄弟神の月讀尊《つくよみのみこと》、素戔嗚尊《すさのおのみこと》を「三貴神」とよび、天照大神が天皇家の祖神とされ、この神を中心に神話は展開していくことになる。

天照大神は「高天原」、月讀尊は「夜の国」、素戔嗚尊は「海原の国」の支配を命ぜられたが、素戔嗚尊は「母の国」に行きたいとだだをこね、しかも天照大神の神田を荒らすなどの狼藉を働いたので、国外追放になる。国を離れる前に別れの挨拶を、とやってきた素戔嗚尊をみて、天照大神は、また乱暴でも働くのか、とかまえられたので、素戔嗚尊は、邪心のないことを示すために、二人で子を成し、大神が女の子、自分が男の子を生めば、潔白が証明されたことにしよう、と提言。まず天照大神が素戔嗚尊の剣をかりて噛みくだくと、女神三柱が誕生。次に素戔嗚尊が天照大神の飾珠を噛みくだくと、男神五柱が生まれ、素戔嗚尊の嫌疑ははれた。五柱のうち、最初に生まれたのが天忍穂《あめのおしほ》耳尊《みみのみこと》、二番目が天穂日命で、天照大神の子とされた。『紀』は、「これ、出雲臣、土師連等が祖なり」としている。

さて、神話のつづきだが、高天原の神は「葦原中国（日本）」の支配をはかり、平定のために天穂日命を遣わしたが、もどってこなかった――このところは異説が多く、これは一説に過ぎない。別の説では、経津主《ふつぬし》神と武甕槌《たけみかづち》神が遣わされ、ふたりは「出雲国伊奈佐《いなさ》の小浜」に着き、国譲りを拒む土地の支配者、大国主命《おおくにぬしのみこと》（大己貴命《おおなむちのみこと》）に、政治は自分たちにまかせ、大国主命は神事をつかさどるように説得、同意をえて、天穂日命を祭祀者に定めたことになっている。

ここまでは前置き。天穂日命についての予備知識として述べたもので、本旨は以降でする。『続日本紀』によると、天応元年（七八一）、土師宿禰古人《はにしすくねふるひと》ら十五人が時の天皇に改姓を願い出た。いい分は、自分たちは天穂日命の十四世の孫、野見宿禰の子孫で、野見宿禰の故事により、もっぱら凶儀にあずかり、本意にあらず、居地の名をとり、「菅原」としたい、というもので、天皇は許され、ここに菅原姓が誕生した。菅原道真はその子孫ということになる。

野見宿禰の故事とは、以下の通り。十一代垂仁天皇の御代のこと、大和国當麻に蹶速《くえはや》という力自慢の男がいて、自分に勝てるものはいない、と豪語しているのを耳にした天皇は、出雲に野見宿禰という強力がいると聞いて、彼を招いて、蹶速と力比べをさせた（これがわが国の相撲の濫觴《らんしょう》とされている）。結果として、野見宿禰は蹶速の脇骨を踏み折り、腰を踏みくだき、蹶速は死んだ。天皇は蹶速の領地を没収し、野見宿禰に与え、彼はそのまま大和にとどまり、天皇に仕えた。二十五年後、皇后が崩御。その頃、まだ殉死の風習があり、生き埋めにされた殉死者の泣き声が何日も聞こえ、その悲惨に天皇は心をいためられた。それをみて、野見宿禰は殉死者に代えて土偶を用いることを提言。天皇は大いによろこばれ、野見宿禰は「出雲国の土部《はじべ》百人」をよびよせ、埴輪をつくり、その功によって、「土部臣《はじのおみ》」の姓《かばね》を賜った。

しかしこの故事により、土師姓の者はもっぱら葬送役につけられ、がまんがならない——というのが、改姓願いの理由だった。

管見によれば、土師氏の造墓に関する文献上の初見は、「雄略紀」（『紀』）の征新羅将軍、紀小弓の墓を「土師連小鳥」につくらせたという記事。しかし、それより早く、仁徳天皇の御代に、日本武尊《やまとたけるのみこと》の白鳥陵の陵守の職をいったん解いた後、また、土師連の管下に置いたことが「仁徳紀」（同）にみえ、古くから陵墓とかかわっていたことはまちがいない。

天智天皇陵の造陵司にも土師宿禰馬手がいた。同じとき、天智天皇の母、斉明天皇の御陵も修造され、その造陵司として土師宿禰根麻呂の名が挙がる。上司は當麻真人国見で、野見宿禰と相撲を取ったとき、蹶速が死に、當麻家は断絶したことになっているが、疑わしい。なお、一説に、當麻氏は天智天皇陵の墓守とされ、それと関係があるのかどうか、山科の御陵のそばに當麻寺という寺が存在する。

さて、古人らが改姓した翌年、土師宿禰安人が、遠国にいて改姓にもれた、自分も名を変えたい、と申し出、許可され、秋篠姓を名乗っている。

遅れて延暦十年（七九一）、近衛将監出雲臣祖人が、自分も野見宿禰の子孫だが、一族の他のものと比べて出世が遅れている、と昇格を要請。これも認められた。ちなみにその前年、桓武天皇は勅して、外戚の土師姓を「大枝」と改められた。天皇の生母、高野新笠《たかののにいがさ》は父方が百済系渡来人の子孫で、母方が土師氏だ。

以上これまでにみてきたことで、天穂日命が野見宿禰の祖神で、土師器をつくる土師氏が祀ってきたことが知れる。その神が山科の石田で祀られている。このことにより、山科の製陶の中心が石田から栗栖野、小野あたりにかけての地だったことが推察される。現に、このあたりで古窯跡が見つかっている。瓦を焼いており、野見宿禰がつくったという埴輪は土師器で軟質だったが、その後技術が向上、硬質の須恵器がつくれるようになっていた。そこに平安遷都で、新都の御所や寺院、富裕な人の家は瓦葺きだったから、瓦の需要が急増。山科の陶工が官窯に召集され、その名残が洛中の官窯の地名の「栗栖」「小野」である——と筆者はみる。

わが国の製陶史には、もうひとつ別の流れがある。『紀』は、実在の天皇とみられている第二十一代雄略天皇の御代のこととして、百済から「今来《いまき》の才伎《てひと》（新来の技術者）」が貢献されたことを伝える。

その中に「陶部高貴《すえつくりのこうくり》」がいて、須恵器の陶工だったとみてよかろう。一行は上桃原、下桃原（河内国南河内）と、真神原（大和国高市郡）に居住地を与えられた。高貴がどの地に住み、その後どうしたか、たしかなことはわからないが、『日本三代実録』に、清和天皇の御代に、河内と和泉の両国の間で、陶山をめぐって争いがあったことが述べられている。結果、河内が勝ち取り、同地の窯業の発展に寄与したのではないか。

話ついでにいえば、「雄略紀」（『紀』）には例の有名な田辺史伯孫《たなべのふみひとはくそん》の埴輪馬の逸話が載っている。河内の人である伯孫が、古市に住む娘の出産祝いに行き、帰路、応神天皇陵のそばで、すばらしい赤馬に乗った人に出会い、その人の馬と自分の馬を交換。翌朝見ると、赤馬は埴輪に変わっていた。自分の馬はどこに行ったのか、と探すと、陵墓に並ぶ埴輪馬の中にいた、というもの。『新撰姓氏録』は「田辺史」を「漢王の後」としており、やはり渡来人だったと思われる。

田辺氏は山科にも在住した。中臣鎌足の子、不比等は幼小のときに、田辺史大隈に養育されている。渡来人の高い教養と、国際感覚を身につけさせようという親心だったのだろう。

『新撰姓氏録』は右京の「栗栖首《くるすのおびと》」について、「王仁の後なり」とし、山科の栗栖野は、渡来人の栗栖氏の居住地だった、とみてまちがいなかろう。

さて『日本三代実録』には、清和天皇貞観四年（八六二）六月十五日、「山城国正六位上天穂日命神」が官社に列せられ、十八日、従五位下に昇格、五カ月遅れの十一月十一日、今度は河内国の栗栖神社が官社となり、同日、摂津国の田辺東神、西神の叙位があったともある。この一連の動きは何を意味する

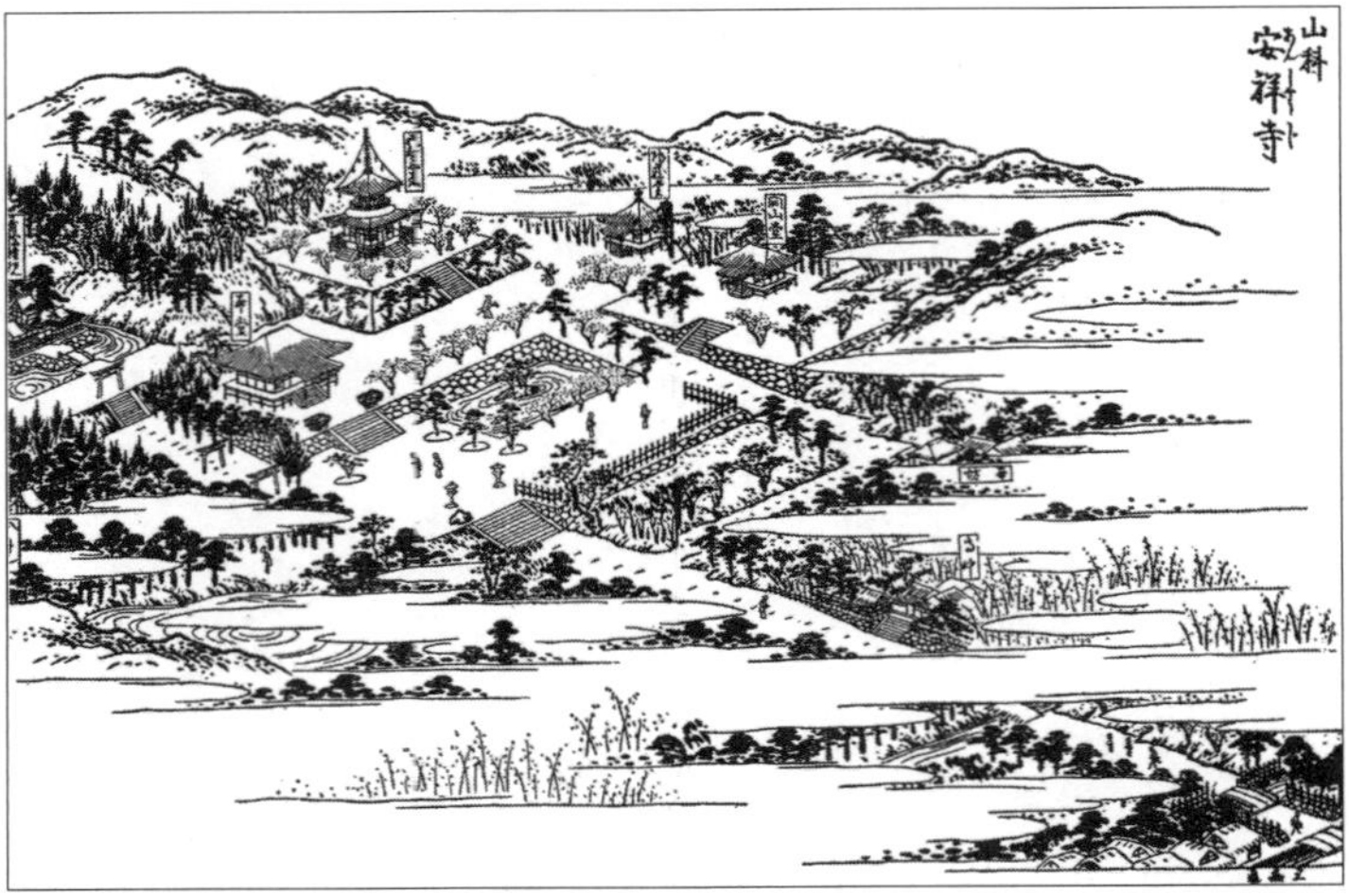

「安祥寺」『拾遺都名所図会』

のか。按ずるに、山科の安祥寺の創建がからんでいよう。

安祥寺は安朱—江戸時代に安祥寺と朱雀の二村が合併—にあり、仁明天皇の女御で文徳天皇の母となった、藤原順子の発願で、僧恵運が建てた名刹（創建年不詳）。今はさびれているが、往時は北山科の北半分を占める広大な寺地を有し、山上山下に堂塔伽藍が建ち並んでいたという。それほど壮麗な大寺となったのも、順子の父が藤原北家興隆の基礎をつくった藤原冬嗣だったからで、兄の良房も権勢をふるっていた、ということがある。

諸堂の屋根は瓦葺きだったことが知れている。寺の建築には、当然、山科の土師氏が参加していたはずで、貞観四年の天穂日命の厚遇は、この神を信奉する土師氏の功労にむくいる意味合いがあったのでは——。田辺神の叙位がそれとからんでいるかどうか明らかでないが、山科に田辺氏がいたことは確実で、やはり一連のこととしてみたい。

なお、安祥寺の後日談だが、寺は応仁の乱で荒廃。その後、再興されたが、寛文十二年（一六七二）、徳川家康の政治顧問をつとめ、〝黒衣の宰相〟とよばれた天台僧、天海上人が、洛中の出雲路にあった毘沙門堂を山科に移すにあたって、安祥寺の領地の東半分を分割して寺地としたので、寺領は縮小した。さらに近代になって、疏水、国鉄が開通。その折にも領地を失い、今では昔のおもかげをとどめず、地元でもその存在を知らない人がいる。

十四　藤原家の祖、中臣鎌足

前述の通り、天智天皇八年（六六九）の夏、天智天皇は山科で狩をされた。この折、「大皇弟《ひつぎのみこ》、藤原内大臣、および群臣」がことごとく従った、と『紀』は記す。「大皇弟」は次代の天武天皇である大海人皇子で、「藤原内大臣」は中臣鎌足のこと。鎌足は天皇がまだ中大兄皇子とよばれていたときに、皇子を助け、横暴をきわめた蘇我入鹿を倒し、大化の改新を断行した人物で、天皇の信任の篤い、近臣だった。山科に別荘をもっており、天皇を山科の狩に誘ったのは、鎌足だったろう。

それからほどなくして鎌足は床に伏す。直前に鎌足の家に落雷があり、被災したのか、持病が再発したのかわからない。十月十日、天皇は自ら鎌足を私邸に見舞った。そして、余命いくばくもないことをみてとり、十五日、大海人皇子を遣わし、功労にむくいるべく、最高位をしめす大織冠と、その生地（大和国高市郡藤原）にちなんで藤原の姓を授けられた。翌日、鎌足は世を去る。

藤原姓は鎌足個人に授けられたものだが、鎌足の遺児の不比等《ふひと》が引き継ぐことが認められ、その末裔も藤原姓を名乗った。そのため藤原の姓は残り、ここに藤原氏が成立する。不比等の娘、宮子は文武天皇の夫人《ぶにん》となり、後妻の橘三千代との間に生まれた光明子（光明皇后）が聖武天皇の皇后になるなど、一族の女が次々と入内《じゅだい》、藤原氏の存在は政界で重きをなすことになる。

不比等の後を継いだのが武智麻呂、房前《ふささき》、宇合《うまかい》、麻呂の四人の男子で、それぞれ南家、北家、式家、京家の祖となる。中でも北家がもっとも繁栄、その一族が平安時代から江戸時代まで、貴族社会の中枢をなしたことは、周知の通り。

一族の繁栄ぶりは、分家の数が如実に示す。内藤は内蔵寮職の藤原、斉藤は斎宮職の藤原、衛藤は衛府の藤原だし、近藤、遠藤、武藤、加藤は、近江、遠江、武蔵、加賀の藤原をいう。安藤、伊藤、佐藤、工藤など、枚挙にいとまがない。ただし、「藤」を冠する藤山、藤川、藤田などは藤原氏と関係なく、「藤原」にならってつくられた苗字にすぎない。

山科生まれで山科育ちの私は、藤原姓が山科の地で授けられたと信じ、それを誇りにしてきた。ところが、鎌足の末孫である仲麻呂の手になる『家伝』では、鎌足は「淡海第」、詳しくは、大津京の官舎で亡くなり、したがって藤原姓の誕生も大津だったとされる。それでも、火葬されたのは「山科精舎」であるから、誇りはたもってよいだろう。その山科精舎は別名を「陶原館《すえはらのやかた》」といい、しかし、早くに奈良に移されて、興福寺（山階寺とも）となったために、山科での所在地が今もって確定されていない。本章ではその遺跡を追う。

その前に、不比等の娘、宮子が文武天皇の夫人となった話が出たついでに少し脱線して、天智天皇陵にまつわる謎解きをしておきたい。『紀』に、文武天皇の御代に天智天皇陵を造営されたことが記されており、新造したのかと思えば、「修造」だった。しかもそれが単なる修理とは思えない。どういうことなのかという謎なのだが、筆者だけでなく、先学もどうやら、ひとつ読み落としていたことがあった。斉明天皇の崩御を伝える箇所につづく一文で、まだ皇太子だった天智天皇が、母の遺言に従い、墓は簡単にする、永代にわたって手本とすべし、といわれた、とある。したがって、二人の陵墓はつくられはしたが、ごく粗末なものだったはず。父鎌足を重用した天智天皇に恩義を感じていた不比等は、娘が入内し、文武天皇の義父になると、地位を利用して天皇の旧陵を改造し、立派にした——ということではないか。推測の域を出ないが、そのように解釈すれば、納得はいく。御陵が山科にあるのは、最後に鎌足と一緒におこなった山科での狩の思い出に、山科に埋葬してほしいという、生前の天皇の希望があったのではないか。

閑話休題。陶原館探しをはじめる。

鎌足に関する基礎資料となる『多武峯略記』（建久八年・一一九七）には、斉明天皇二年（六五六）に鎌足が病気で「山城国宇治郡小野郷山階村陶原家」にいて、治療を受けたが、ききめがなかったこと、翌年、同家に建てられた精舎で、斎会がおこなわれ、それが維摩会《ゆいまえ》の濫觴《らんしょう》であることが述べられている。『帝王編年記』の記事もほぼ同じで、斉明天皇が鎌足の病気を気づかい、百済尼法明に維摩経を誦させ、たちまち平癒した鎌足は陶原館で斎会を催した。それを維摩会のはじまりとしている。鎌足はすでに斉明天皇の御代から朝廷の寵児だった。実は、陶原館が建てられた土地は、斉明天皇が鎌足に賜ったようだが、その話は今は置く。

さて、陶原館の所在地は、右にみた通り明示はされている。それでも、それが現在のどこにあたるのか特定できないのは、かつての小野郷が、今よりもずっと広かったからである。その四至が「山科村」同様、いまだわかっていない。

陶原館の所在については、京地誌のいくつかが話題にしている。そのひとつ、釈白慧『山州名跡志』は大宅説を挙げ、山科の「大宅」は、鎌足公の館があったことに由来する名で、近くの「興福寺橋」は、後に興福寺となった陶原館のあった跡、というのが論拠になっている。いくつかの京地誌がこの説に従う。

大宅はかつての大国郷とされ、小野郷ではないが、隣接しており、「越の道」沿いで、小関越え道をとって楽に大津宮に行ける。しかも、近くの小山地区は風光明媚で、公家の別荘地となっていた。大宅は候補地のひとつに挙げてよいだろう。

大宅廃寺跡碑

『都名所図会』は大宅廃寺をそれとするが、『世継物語』（『栄花物語』の別名）に載るという、山科の大領宮《みや》道《じ》弥益《いやます》の妻が建てた大宅寺の跡、という説も紹介し、『山州名跡志』もこの説を合わせて載せている。宮道弥益の名はのちほどまた出る。

大宅廃寺は大宅鳥井脇町にある奈良時代前期から平安時代後期の寺院跡で、大宅寺がここにあった可能性は排除できないが、名神高速道路工事に先立って昭和三十三年におこなわれた調査発掘では、それを確認するものは何も見つかっていない。

大島武好『山城名勝志』（正徳元年・一七一一）は、陶原館は「山科梛《なぎ》辻村三宮明神社辺」にあるとし、それを受けてか、『京都府宇治郡誌』も東野の「三之宮」神社をそれとしている。北山科の中央部にあり、朝廷と関係が深い。にもかかわらず、社格が「一の宮」でなく、「三の宮」であるのが、いささか引っかかる。現在の山科のど真ん中、というのが選択の理由だろうが、鎌足の時代の山科といえば南山科で、北山科は人家もまれな野原だったはず。そんなところに鎌足の別荘があったとは、筆者には考えられない。

その別荘名「陶原館」から察すると、陶土のとれる地だったようで、そうであれば、天智天皇陵のあたりの地名がかつて「陶田里」で、ここを陶原館の旧地とみるむきがある。御陵の近く、京都薬科大学の東隅に、平成二十年に「おこしやす〝やましな〟協議会」が建てた「山階寺跡」（推定地）の碑がある。たしかに、このあたりは陶土に富み、とりわけ日ノ岡の陶土は上質の釉薬として、「日ノ岡」の名で、業界では知れたものだった。しかし、地形からみれば、陶土は低地の南部のほうが多かったはずで、現に、製陶が盛んだったのは南部だった。小野からほど遠い、こんな山科の片隅の地に、陶原館があっただろうか。

蓋然性の高いのは栗栖野の中臣町で、隣の西野山中臣町にある折上神社の境内には中臣の首長の墓とされる古墳がある。近くに広大な「中臣遺跡」もある。だが、約百回もおこなわれた発掘調査では、陶原館跡らしいものは何も見つかっていない。

ところで、勧修寺の南に法琳寺の廃寺跡がある。鎌足の長男定慧《じょうえ》が建てたもので、彼は政界に入らず、出家して、学問僧として入唐。帰国後、まもなく亡くなったが、勧修寺の南に法琳寺を残した。この寺の僧、常暁も入唐、鎮護国家に有効とされた大元帥法をもち帰り、これが朝廷の大法会とされたために、寺は大いに栄える。ところが法琳寺の別当を兼任していた醍醐寺理性院の院主賢覚が保延元年（一一三五）に理性院でこの法を修し、爾来、この修法は醍醐寺のものとなり、こちらが急速に興隆していく一方、

発掘中の中臣遺跡

法琳寺は衰退し、江戸時代中期には廃寺になった。廃寺跡では発掘調査された際、多数の瓦が見つかり、瓦屋根の立派な寺院であったことが判明した。それを裏付ける古い窯跡も近くで見つかっている。

当寺からさらに南下すると六地蔵で、先に名を挙げた大善寺は定慧の開基とされている。按ずるに、法琳寺から大善寺におよぶ地は定慧の領地で、彼はこの地を父、鎌足から譲り受けたのではないか。もしそうであれば、陶原館はこのあたりにあった可能性が高い。

十五　醍醐天皇と宮道氏

『今昔物語集』巻二十二に「高藤《たかふじ》内大臣ノ語《こと》」という話が載る。高藤は藤原冬嗣の孫で、その名を知らぬ人も、小倉百人一首の「名にしおはば逢坂山のさねかづら人にしられでくるよしもがな」の作者、定《さだ》方《かた》の父といえば、少しは親しみがわくかもしれない。

その高藤は幼いときから鷹狩が好きで、十五、六歳の頃、「南山科ト云フ所の渚《ナギサ》ノ山」へ狩に出かけた。ところが、途中で雷雨になり、あわてて山を下り、麓の民家の軒下で雨宿りする。雨はいっこうにやまず、日も暮れ、途方にくれていると、家の主が出てきて、家に招き入れてくれた。家主の娘は年の頃十三、四のみめよき乙女で、高藤はその乙女と一夜を契り、都にもどった。

その後も女のことが忘れられず、六年ばかりたって、女に会いに行くと、出迎えたのは五、六歳の女の子で、彼の子だった。高藤は女を妻にし、母子を都につれ帰った。後に高藤は出世して大納言になり、二人の間に生まれた娘、胤子《いんし》は宇多天皇の女御となり、生まれたのが醍醐天皇である――。

この醍醐天皇は藤原時平、菅原道真という二人の能吏を得て、摂関を置かず、宇多上皇と二人三脚で親政をおこなったので、在位時代は、古きよき時代として、「延喜の治」とよばれ、醍醐天皇を俗に「延喜帝」と称す。山科に葬られたので、「山科帝」ともよび、御陵は天智天皇陵にならって、「後山科陵」という。

なお、時平と道真は後に仲たがいして、政争にやぶれた道真は大宰府に左遷され、失意のうちに任地で亡くなったこと、その不遇な最期が同情をよび、天神信仰を生んだことは、周知の通り。醍醐天皇の忘れがたい事績としては、最初の官撰和歌集である『古今集』の編集と、律令の施行細則をまとめた『延喜式』の編纂があり、後者は、わが国の古代史研究には欠かせない。本書でも、たびたびこれにふれている。

さて、『今昔物語集』にもどる。高藤に宿を貸したのは前出の「其ノ郡ノ大領宮道《みやじ》弥益《いやます》」で、「ソノ弥益ガ家ヲバ寺ニ成シテ、今ノ勧修寺此也」とある。寺の在所は、山科と深草をむすぶ大岩街道（大亀谷街道）の起点にあたる。実は、この道はさらに東に延び、椥辻《なぎつじ》で奈良街道に合流する山科の古道のひとつで、この道と、六地蔵から日ノ岡に通じる道の交差点に寺はある。古来の交通の要衝で、このあたりが山科でもとりわけ早くに開けたことは、一帯に広がる「中臣遺跡」が証となる。

開けたとはいえ、かつてはこの街道筋に狼がいたといわれ、今も雉が住む。高藤はこの道をとって鷹狩にきて、途中で雨にあい、都に引き返さず、山科側に駆け下り、弥益の家にたどり着いたようだ。

宮道弥益の家を寺に変えたのは醍醐天皇で、昌泰三年（九〇〇）のこと。生母胤子の遺言に従い、その菩提を弔うために仏寺にした。その後押しがあったからだろう。応仁

中臣遺跡碑

の乱で焼失するまでは、その寺域は広大で、壮麗な伽藍が建ち並んでいたという。その後、豊臣秀吉が伏見城築城にあたって、関東への新道を設けるために、寺領の多くを没収。一時は衰滅の寸前に至ったものの、徳川氏の帰依を受けて再興。明治初年に勧修寺ゆかりの山階宮家が資財を投じて殿堂を修補し、今に見るがごとき寺観に復した。かつての威容に比べるべくもないが、「勧修寺」という地区名に、かつての繁栄が偲ばれる。

勧修寺は、古来、法親王の住院で、「勧修寺門跡」とよばれてきた。ところが元治元年（一八六四）、三十二世の済範《さいはん》（晃《あきら》親王）が還俗し、新しく宮家を立てる。それが「山階宮」で、その後、菊麿王、武彦王と三代つづいたが、昭和二十二年、皇籍離脱した。菊麿王の次子が山階芳麿で、鳥類学者である氏が設立した山階鳥類研究所はつとに名高い。

勧修寺の南隣には宮道神社があり、由緒碑によれば、祭神は宇治郡を本拠とした宮道氏の祖神日本武尊《やまとたけるのみこと》と、その子稚武王《わかたけるのおおきみ》（神社由緒読み）で、創始は寛平十年（八九八）、「宮道大明神」とも、「二所大明神」とも称される。日本武尊は第十二代景行天皇の御子、諱《いみな》は小碓命《おうすのみこと》。朝廷に従わない九州の熊襲と東北の蝦夷を討ったとされる古代伝説上の英雄で、宮道氏はその末裔といわれるが、容

勧修寺

宮道神社

易には信じられない。仮に日本武尊が実在の人物でも、山科の郡司にすぎない弥益が、その末裔ということがありえるだろうか。

ちなみに、弥益の墓は、『延喜諸陵式』によれば、「宇治郡小野郷」の「後小野墓」だが、所在地は不明。高藤の墓は「宇治郡小野郷」の「小野墓」で、これもわからない。勧修寺のそばの鍋岡山にあると聞いて訪れたが、山は荒れ、探しても見つからず、土地の人に聞いても、知らなかった。

高藤の妻になった弥益のむすめ、列子《たまこ》の墓は、勧修寺の東、折上神社の近くの、猫のひたいほどの小さい竹藪の中にひっそりとたたずむ。土塚の上に明治二十三年建立の「贈正一位宮道列子墓」と刻んだ石碑が建ち、その手前に昭和四十七年に建てられた「宮道朝臣列子墓」の碑があるから、その頃までは、墓の世話をする人がいたことになる。

列子のむすめで、宇多天皇の女御になった胤子の墓は「小野陵」で、大岩街道の深草寄りにある。このあたりも、かつては小野郷だった。陵墓は手入れがいきとどき、さすが皇太后の墓、と思ったら、実は長年荒廃していたのを、明治に考定し、整備したものだった。

上下醍醐寺の案内図板

宮道神社の由緒書には、宮道氏の後裔について、武家、寺家蜷川《にながわ》氏として、ともに繁栄活躍した、と述べられているが、筆者は該当する人物を知らない。「宮道氏」の出で知られた高僧に、小野の随心院の開基、仁海《にんがい》上人がいる。寛仁二年（一〇一八）に畿内で旱魃があったとき、神泉苑で請雨法経を修して効験があり、「雨僧正」と称せられ、居所の名をとって、「小野僧正」ともよばれている。山科の小野に建てた牛皮山曼荼羅寺が寛喜元年（一二二九）に皇室の祈願所となり、門跡号を賜り、寺名を随心院と変えた。ここが小野氏の領地だったことから、小野小町の誕生地にされることになる。小町の生誕地というのは方々にあるが、当寺は、例の「深草少将の百夜《ももよ》通《がよ》い」の説話が残ることで、世に知れる。

西に勧修寺あれば、東には醍醐寺がある。こちらも醍醐天皇ゆかりの寺で、理源大師が貞観年間（八五九～七七）に醍醐山上に一堂を設けたのを起こりとし、延喜七年（九〇七）に醍醐天皇が勅願寺—勅命による国家鎮護、玉体安穏を祈願する寺—にされ、その後、代々皇室の庇護を得て大寺に成長した。

醍醐寺が大いに繁栄したのは南北朝時代で、六十五代座主賢俊が、光厳上皇の院宣と錦旗を受け、西走した足利尊氏の京都復帰の遠因をつくり、恩賞として尊氏から「山科荘地頭職」を授かり、寺の再興につくしたからである。

実は、「醍醐寺」とよばれる堂宇はなく、奈良街道の東にそびえる醍醐山すべてが寺域で、山頂の上醍醐と、山麓の下醍醐に分かれ、そこにある諸寺をひっくるめて「醍醐寺」とよぶ。多くの塔頭《たっちゅう》があり、朝廷の一員が門主となる門跡寺院が、明治維新までは五つ（三宝院、理性院、報恩院、金剛王院、無量寿院）もあった。その中の三宝院が筆頭塔頭の地位を得るのは、三宝院の二十五代門跡をつとめた満済准后《まんざいじゅごう》が、足利義教の将軍就任を助け〝黒衣の宰相〟といわれたほどの政治力をもったからで、今では「三宝院」が醍醐寺の代名詞のようになっている。

醍醐寺は、応仁の乱で、醍醐天皇の御子である朱雀天皇が建てられた五重塔を残し、全焼。慶長三年の秀吉の桜見を契機に、義演僧正が再興し、その後、家康から寺領の寄進を受けて、今に見る伽藍がととのえられた。「醍醐の桜」はそれゆえに名高いが、桜ばかりでなく紅葉も見応えがある。五重塔は現存し、東寺の五重塔、祇園八阪の五重塔と並び、「京の三塔」のひとつになっている。

山科――いや、南山科は醍醐寺でもつ。醍醐は醍醐天皇でもつ。天皇の御陵は三宝院の北、醍醐古道町にある。かなり大きくて、立派な陵墓だ。その

醍醐寺山門

醍醐天皇御陵

近くに、天皇の第十一皇子で、皇位を継いだ朱雀天皇の墓があるが、こちらは小さく、粗末。山科への貢献度の差が歴然としている。

十六　山科御所と山科家

山科に御所があったことを知る人は少ない。存在期間があまりにも短かかった。実のところ、建立年代も定かでない。

いかなる理由があってのことか、後白河上皇の女御である建春門院は、勧修寺第九代別当の雅宝僧正から山科の地を寄進される。飛泉があって、上皇のお気に召し、上皇はここに別荘をつくられた。これがその「山科御所」で、「沢殿」と俗称された。

これに関する記事が、鎌倉時代成立の史書『百錬抄』にある。治承三年（一一七九）六月三日条に、「上皇山科御所御移徙」とあり、山科御所が完成したので、上皇がそちらに移られたことをいっている。一方、平信範《たいらののぶのり》の日記『兵範記《ひょうはんき》』には、仁安二年（一一六七）七月二日条に「上皇御移徙ナス。新造山科殿」とあって、新居に移られたのは、それより十二年早いことになっている。本来なら、公式文書である『百錬抄』に従うべきだが、こちらは後年編纂されたもので、思いちがいがありうる。日記は、その日の出来事、見聞を書き記すものだから、その点ではより信憑性が高い。だから、ここでは『兵範記』説をとる。

その御所は治承四年に三井寺の僧兵の手にかかって焼失した。この年、増長する平清盛を打倒すべく、後白河上皇の第二子、以仁王《もちひとおう》が立ち上がる。ところが事前に計画が発覚、以仁王は園城寺にのがれ、さらに園城寺の僧兵に守られて奈良に向かおうとして、平家に追撃され、敗北した。山科御所は、そのどさくさにまぎれて火を放たれ、わずか十三年間存立しただけで灰燼に帰した。そして、人々の記憶から消える。しかし、その存在は地名となって残った。小野に「御所内町」、大宅に「沢殿」「御所山」「御所田町」「御供田町」がある。これらの位置から推察するに、それは沢町から御所内町にかけての地にあったようで、勧修寺の東、山科総合庁舎の少し南になる。

後白河上皇は、御所のあった地を、他の所領とともに寵姫丹後局（高階栄子《たかしなのえいし》）に与え、栄子の子、教《のり》成《しげ》がこれを相続。教成は藤原北家、魚名の後裔である四条実教《さねのり》の猶子となり、教成の子、冷泉忠成の時代には冷泉家の家領となるが、南北朝時代中期、教行の頃からその地名にちなんで山科姓を名乗ったので、最終的に「山科家」の所領となった。

山科家の居宅は山科でなく、現在の京都市内にあった。知行地も山科だけでなく、近江、美濃、播磨などにあり、また、禁中の台所である御厨子所の別当として、食材の購入にもかかわり、商人の営業許可権をもち、免許の発行をおこなっていた。そこからの収入もあって、山科家にとっては、山科の地は経済的にはそれほど重要ではなかったろう。しかし、後白河上皇の知遇にむくいるために、教成が上皇の御影を納める御影堂を大宅に建てたことから、山科が山科家の本所とされ、政所がここに置かれていた。教成は相続した所領を御影堂に寄進。といっても、管理権は山科家がもち、山科家の知行地として扱っている。その御影堂領だが、前出『洛東探訪』によれば、「山科家文書」に、御影堂の四至は「東は安合子、西は宇治大道、南は赤坂、北は矢倉を限る」とされている由。

山科家の家事をつかさどったのは家司《けいし》、大沢家の久守・重胤で、『山科家礼記《やましなけらいき》』という日記を残している。応永十九年(一四一二)から延徳四年(一四九二)にわたり、山科に関する記事も多く、当時の山科を知る一級史料である。

山科家では代々の当主も日記を残している。『教言卿記《のりときき》』『言国卿記《ときくにきょうき》』『言継卿記《ときつぐきょうき》』『言緒卿記《ときおきょうき》』などを「山科家文書」と総称し、これも一級史料だが、なにぶん膨大な量で、正直なところ、筆者はところどころ拾い読みしたにすぎない。

ところで『言国卿記』の文明十三年(一四八一)元日の条に、「山科家青侍」が年始礼にやってきたことが記され、大沢久守長門守の名が筆頭に挙がっている。肩書きに従えば、彼は侍身分だった。久守は明応三年(一四九四)に出家。それを伝える記事では、「山科七郷、おとな大沢久守」となっている。その「おとな」について、先に名を出した山科竹鼻の人、佐貫伍一郎氏による出色の山科通史『山科郷竹ヶ鼻村史』は、郷の世話人とし、「七郷おとな」として次の五氏の名を挙げる。「大宅　沢野井、西山進藤、音羽　粟津、野村　海老名、厨子奥　四手井」。このつづきは後にまわす。

　さて、家司の大沢氏は山科荘も管轄したが、本人は現在の京都市内に住み、諸事に忙しく、山科までひんぱんに足をはこべなかったので、日常の業務は土地の沢野井家に託していた。「沢野井家文書」というのがあるが、筆者は目にしておらず、沢野井家の役割についても承知していないが、大正三年の昭憲皇太后の大葬に奉仕した六人の「山科郷士」（後述）の中に、末裔の沢野井定次郎氏の名がみえる。屋敷は今も奈良街道に面した大宅中小路町にある。

山科郷士沢野井邸（大宅）

　山科家の領地には、「東庄」と「西庄」があった。当家が重視したのは、御影堂と政所があった東庄で、『山科家礼記』が話題にするのも、もっぱら「山科東庄」と、「山科七郷」だ。東庄は大宅と、その一円とみてよい。西庄については、『洛東探訪』が、永禄十二年（一五六九）の時点で、山科西庄は「野村郷、西山郷」との註記があることを根拠に、この二郷のこととしており、筆者も異存はない。両郷の所有権については、山科家と三宝院が長らく争っていたが、『山科家礼記』の文明十八年（一四八六）九月二十五日条に、「野村、西山、四宮河原、三ヶ所」が返付されたことが記されており、この時、やっと山科家の勝ちという形で決着をみたようだ。それまで山科家は、問題の地を「西庄」の名で、「東庄」と別扱いしていたのだろう。

話を山科御所にもどす。山科の御所は歴史から消え、だれも知らない、と思っていたら、意外な人物が知っていた。源頼朝だ。文治元年（一一八五）、壇ノ浦で平家一門が滅ぶと、すぐに上洛を決め、館探しをはじめて、山科御所に目をつけている。『吾妻鏡』文治元年四月一日条に次の記述がある。「洛辺御亭建テラルベクノ由、日来沙汰アリ（中略）山科沢殿領便宜ノ地ニアリ。所望云々」。理想的な地だといっている。木曽、鎌倉とはそれぞれ東山道、東海道でつながり、その道上に逢坂関がある。大和とは北陸道（奈良街道）、山陽道とは伏見街道でむすばれる。それに山科なら、都とは東山でさえぎられ、朝廷にとって目障りにはならないし、いざ事があれば、鎌倉武士は渋谷越えで都に楽に入れる。ここに勝る地は他に見当たらない。しかし、上皇は「うん」とはいわれなかった。そこで、結局、六波羅の平頼盛の旧宅跡に頼朝の新邸宅が建てられ、後にここが六波羅探題となる。もし上皇が承諾されていれば、山科の歴史はまったくちがったものになっていたはずだ。

第五章　山科七郷と山科郷士

十七　「山科七郷」と「郷士」

『山科家礼記《やましなけらいき》』の応仁二年（一四六八）六月十五日条に「山科七郷事」の記載がある。時は応仁の乱勃発の翌年で、山科を軍事上の要衝とみた東軍の将、細川勝元が、山科家に七郷のことを問い合わせ、これに対して、山科家の家司《けいし》、大沢久守が以下のように回答した。

山科七郷事
一郷　野村　領主三宝院
一郷　大宅里　山科家知行　南木辻（椥辻）
一郷　西山　三宝院　大塚　聖護院
一郷　北花山　下花山　青蓮院　上花山　下司ヒルタ
一郷　御陵　陰陽頭在盛　厨子奥　花頂護法院
一郷　安祥寺　勧修寺門跡　上野　上野門跡　四宮河原　北山竹内門跡
一郷　音羽　小山　竹鼻　清閑寺

上段の七郷が本郷で、その他は組郷とされ、「山科七郷」は併せて十六郷から成っていた。この時点で、山科家が知行していたのは大宅里ひとつにすぎない。それでも山科家は自他共に認める七郷の〝顔〟だった。朝廷も、幕府も、山科に関することは山科家に伝え、それを家司が「山科七郷」に伝達。必要があれば、七郷の民は寄り合って合議をおこなった。実例を挙げる。

『山科家礼記』によると、延徳三年（一四九一）のこと、幕府奉行人から山科家に、人夫百五十人を山科七郷から出すようにいってきた。それを七郷に伝えると、「七郷沙汰人」がやってきて、禁裏役なら引き受けるが、幕府人夫役は御免こうむる、と断りを入れた。結局、山科家の家司久守が、「一郷十人、組郷五人」と割りふって、七十人の人夫を派遣することになったが、厨子奥、御陵、上野は人夫を出さずじまいで、出仕したのは五十六人だった。翌年、また、幕府は人夫役を課し、その命に対し、花山二郎衛門、四宮左衛門が「七郷使」として久守のところにやってきて、拒否を伝え、久守は使いを説得し、山科七郷は寄り合って相談した結果、受諾している。

荘園制の解体時に各地で生まれたとされる制度を「惣郷制」とよぶが、山科七郷がその例かどうかは検証の余地がある。

「惣郷」はもともとは幕府の上意下達の便宜のために設けられ、幕府のおふれは惣頭に伝えられ、惣頭から村頭、村頭から村民に伝えられる仕組みだった。

山科にある京都橘女子大学の先生方が執筆された『洛東探訪』では、室町、戦国期の大宅郷を特定して、その構成について、「おとな層と地下《じげ》の者という二つの階層」からなり、「おとな」とは「地下に住む住民男性のうち、年齢が高く、経験豊富で、経済力のある者」で、おとなとなる以前の若者は「若衆」とよばれ、「おとな」の予備軍だったとする。また、惣郷が誕生する背景として、守護大名のような指導者を欠いた山科では、郷民が寄り集まって話し合い、ことを決してきたということがある。その寄合の場としてよく使われた三之宮神社には、応永三年（一三九六）に後小松天皇が寄進された大般若経があり、この経の転読が毎年三回、山科郷士のもちまわりで、郷士宅でおこなわれてきており、このような毎年繰り返されてきた行事を通じて、「山科七郷惣郷」の結合が生じた、とされている。しかし、そうではない。

誤解のもとは、「山科郷士」の解釈。「山科郷士」とは「山科郷の士」でなく、「山科の郷士」で、「郷士」については『広辞苑』に、「武士でありながら、城下町に移らず、農村に居住して農業をいとなみ、若干の武士的特権をみとめられたもの」とある。しかし、この定義をすっかりそのまま山科郷士にあてはめるわけにはいかない。山科は禁裏御料で、領主は天皇。したがって、詰める城など、もとからない。農業をいとなむ者はいたかもしれないが、山科郷士は帯刀を許されており、通念の「地下の者」ではない。

次に寄合の場として、三之宮神社がよく使われたとされる点だが、「山科家礼記」の応仁二年（一四六八）三月十七日条に、例年春は北郷、秋は南郷で寄合う習いで、今回は安祥寺につどう、とあり、三之宮神社で寄合があったことは事実であっても、常例ではない。

山科郷士のことは、『京都府宇治郡誌』や、『京都府山科町誌』に詳しいが、種本は前出の、旧郷士の手になる『山科郷史』で、どこまで信用してよいかわからない。とりあえず、そこに書かれていることを、そのまま引用すると、上古に山科に居住した中臣部が、鎌足が出るにおよんで、「其族漸く繁栄し子孫次第に相伝して、郷士の家名を興立し、遂に百有余氏に分れたり」とあり、つまりは、鎌足の子孫とする。それを真に受ければ、七郷の郷士は同根で、七郷が結束するのも納得がいく。直系の子孫の郷が本郷で、分家の郷が組郷ではないか。

山科郷士のことをさらに詳しく知るには、「比留田家文書」に収められている、享保六年（一七二一）成立の「山科郷村々御家人郷士名前帳」が参考になる。帯刀者の名前改めで、十四郷、百六十人の郷士名が挙がり、「常帯刀者」三十二人、あとは「御用之外常帯刀不仕候」者で、後者は、皇門守衛につかない時には帯刀しない者である。常帯刀はほとんどが村頭だが、西野山村十人は全員が常帯刀で、「岩屋大明神神主　進藤伊予」も常帯刀となっている。「伊予」は「伊予守」の略らしく、そうであれば武士身分ということになる。

ちなみに、他の神主を挙げると、御陵村に「天皇神主常帯刀　竹鼻彦三」がおり、これは天智天皇陵の墓守のようだ。同村の「神明神主　野呂左近」は、蹴上の神明宮の神主のことで、かつてはここまでが山科郷だった。「左近」は「左近衛」であろう。「三宮神主　飯田出雲守」は、名前からして武士である。ここには名が出てこないが、後年、惣郷頭となる比留田氏は、同家由緒書によれば、先祖は「近江国甲賀郡比留之里に居城仕」り、その後、山科に移住とあって、少なくとも先祖は武士だった。

名前帳で気がつくのは、郷士の数が郷によって大きく変わることと、同姓が多いこと。とりわけ数が多いのが、山科家の山科領の雑掌をつとめた沢野井家が所在する大宅郷で、総数二十七人のうち、沢野井姓十一人、林姓十人、山本姓六人となっている。次が惣頭土橋氏の住む東野村で十八人。土橋姓と寺田姓が各五人。椥辻《なぎつじ》は十五人で、土橋姓が一人いる。椥辻は組郷で、東野の土橋の一族がここに移り住んで、新しい郷をつくったのではないか。

大宅、東野、椥辻は互いに隣接しており、この三郷だけで郷士数は六十人に達する。七つの本郷で百余人。一方、上花山、厨子奥は各四人にすぎない。厨子奥には「村之頭常帯刀　四手井平五郎」がおり、その末裔が山科の名士、京大の名誉教授で、植物学の大家、四手井綱英《しでいつなひで》ということになる。また同じ花山でも、北花山は十一人と多く、柳田姓二人、あとの九人は松井姓で、「村之頭常帯刀　柳田吉左衛門」が初代山科村長の柳田謙三の先祖である。

十二人の音羽村はそのうち十一人が粟津姓で、粟津家がほぼ独占。これも注目される。今日も音羽には粟津姓が多く、大津の粟津出身といわれている。粟津の名は近江八景の「粟津の晴嵐」で知られるが、もうひとつ、ここは天皇の膳部の食品を貢納する御厨子所《みずし》で、それに従事した「粟津供御人」のことは知る人ぞ知るところ。山科家は御厨子所別当を兼ねていたので、粟津供御人は山科家の配下にあり、そんな関係で粟津氏が一団となって音羽に移り住むようになったようだ。よそ者でも、山科郷士となっている。

以上みてきたように、山科郷士は苗字をもち、帯刀を許され、肩書きをもった者もいる。生業は不明。農業に従事していた者がいたとしても、やはり農民ではない。出自は別のようである。

『山科郷竹ヶ鼻村史』は次のように述べる。「山科の郷民は百姓だったが、れっきとした『禁裏番衆・衛士』だった」。「山科郷には『郷士』と称す兵農未分離の中世的遺物が朝廷との関わりという、諸国に例のない特異な状況下、集団で残ることになった」。事実関係はこれからみていく。

山科郷士が脚光を浴びることになるのは、応仁の乱後、皇居の警固役を担うことになったことによる。都を主戦場にしたこの戦乱で、京洛内外は焦土と化し、難をのがれて都をはなれた公家や役人は、すぐには都にもどってこない。皇居の防衛を任務とする役所としては六衛府（左右の近衛、兵衛、衛門）があるが、機能しておらず、その穴埋め役として、山科郷士に白羽の矢が立った。領主の山科家も乱勃発直後に近江の坂本に本所を移しているが、公家の任務である天皇の守護役は忠実に果たしており、だからであろう、山科家に、山科郷士をして皇居を守らしむべし、との勅令がおり、郷士はそれに従った。『山科家礼記』の長享三年（一四八九）四月八日条に、音羽が「禁裏警固御番」の当番になったことが記されている。翌日は西山が出仕。十八日は花山が御番をつとめた。二十三日条には、久守のもとに、七郷から、今月中は禁裏警固御番を引き受ける、との連絡があったことが記され、二十八日には厨子奥が当番をつとめた。厨子奥は組郷なのに、この点は意外だ。二十九日は野村の番だったが、役をすっぽかした。それでも処罰を受けた気配はない。

京都市編『史料 京都の歴史』によれば、明応七年（一四九八）に山科七郷に禁中警固命令が出たが、郷民が都合が悪いと断ったことが『朽木文書』にみえ、天文二年（一五三三）、同趣旨の命令が出たが、郷民が不満をとなえたことが『言継卿記』に述べられている由である。なお、文明十二年（一四八〇）成立の旧記には、その頃、日々出役十二人交代、とあるそうで、右に述べたよりも早い時期から、禁裏御番についていた可能性はある。右記の如く、延徳三年（一四九一）に幕府が人夫を要請すると、禁裏御番ならつとめる、といい、身勝手な話のようだが、天皇に仕えるのを義務とこころえ、かつ、誇りともしていた感がある。

江戸幕府が誕生すると、皇室の守護は幕府にゆだねられることになったが、山科郷士の御門勤番はつづく。ただし、仕事は縮小され、交代の勤番は、郷中より常番の者を置くことになった。その折に帯刀を許されたのが、先にみた「御用之外常帯刀不仕候者」である。

山科郷士の活躍ぶりが際立ったのが、天明の大火の折だった。天明八年（一七八八）、建仁寺の近くから出火。火災を知った山科の郷民は御所に駆けつける。はや火は御所にせまっていた。天皇の身辺に人がおらず、山科郷民に遷幸の用意をするよう仰せがあり、鳳輦《ほうれん》をかつぎ出す一方、御物も運び出した。そのうちに火の手はますますせまり、天皇は下加茂に避難されることになり、供奉する。そこも危険というので、聖護院に向かう。結局、この火事で禁裏御所、仙洞御所ともに焼け、天皇、上皇、皇后は分散した仮御所で過ごされることになり、一カ月、郷民はその護衛にあたり、賄《まかな》いも仰せつかった。都内では米が得られず、郷の米をかき集めて上納している。これらの功労に対し、後日、お褒めを賜ったことはいうまでもない。なお、このときは、十五歳以上、六十歳以下の男子ことごとくが出役。「郷士人足五百人」だった。

それより早い宝永五年（一七〇八）の内裏の火災時にも、老幼をのぞく郷民全員が出役。翌年、新内裏がなると、御苑の植木の献上を仰せつかり、五百本の植木を用意、落成の日には郷士総代六人が招待され、酒肴を賜っている。今に見る京都御苑の樹木の五百本は山科からの献上品である。

また、遅れて安政元年（一八五四）、ふたたび京都で大火があり、内裏も類焼。駆けつけた山科郷民は、すでに下加茂に向かわれていた天皇を追い、供奉した。賄いを仰せつかり、お褒めを賜ったのも右記と同じ。このたびの出役の郷士は百二十人、人足は四百人だった――という書き方からみれば、山科の郷民すべてが「郷士」でなかったことになる。「郷士」以外は「人足」で、その中には百姓、商人、馬借なども含まれている。その点を先学は見落としている。

以上は『山科郷史』の記すところで、「天領の民」を自負する山科郷士の誇るべき業績として、代々、村で語りつがれたものであろう。

さて、山科郷士の再度の出番は政情不安となった幕末で、大老井伊直弼《なおすけ》が桜田門外で倒れると、天下は騒然。山科郷士は御所六門の警固につく。長州騒動のときには、当初、郷士百三十六人、人足四百八十人を御所に配している。

そして、明治の声を聞く前年の慶応三年、それまでの官制は全廃され、山科郷士と朝廷の関係は切れた。郷士は衆議して、従来通りに仕えるために、自前の「御守護隊」の結成を決め、役所にお伺いを立てると、許しが出た。同隊を率いたのは比留田権藤太で、近江の真野家から比留田家に養子入りし、活躍した人物であった。同隊は明治天皇の御遷幸に際して東京まで供奉し、その後、解散。長い山科郷士の歴史は、これをもって終わった。

後日談。比留田権藤太は、東京に移られた天皇のために、新しい御料所を東京に開き、山科郷士が面倒をみることを新政府に立願。新政府は、希望するほどの地を東京に確保するのは難しい、といいながらも、とりあえず新宿の地を提供した。しかし、権藤太の意気込みに同調する仲間が少なく、新宿の開発は失敗。苦境に立っていたところに、新政府から、千葉の地の提供の話があり、新宿の地を売り払って千葉に移住。しかし、それも失敗に終わった。その後のことはわからないが、権藤太の努力は、千葉市に「山科」の地名が残ることに明らかである。

明治四十五年、明治天皇が崩御されると、長い皇室との特別な関係が認められ、柳田謙三、土橋民之助、四手井彦四郎ら十人の郷士が大喪奉仕につき、ついで大正三年、昭憲皇太后が亡くなられると、右の三人を含む郷士八人が葬礼に奉仕、山科では名誉なこととしたことである。

なお、明治十四年、山科郷士は全員、京都府士族に列せられている。

奈良街道沿いの大宅の家並み

十八　山科一の宮

山科神社

一の宮、二の宮などとよばれる社がある。特に制度としてあるわけでなく、土地の由緒ある神社、あるいは篤く信仰を集める神社が、おのずと、時間をかけて、そんな風に格付けされたものである。では、「山科一の宮」はどれか。一般的には、一の宮とされるのは「式内社」が多い。式内社のことはすでに第二章八節でふれた通りだが、『延喜式』の神名帳に載る、朝廷の尊崇が篤く、新年の祭りである祈《とし》年祭《ごいのまつり》や新嘗祭《にいなめさい》に官幣にあずかった三一三二社の神社のことで、山城国宇治郡の式内社としては宇治神社二座、日向神社、許波多神社三座、天穂日命神社、宇治彼方神社、山科神社二座の名が挙がる。山科一の宮を選ぶなら、まずはこの「山科神社二座」で、同名の神社がたしかに西野山にある。ただし、その社名は明治維新の際につけられたもので、それまでは「西岩屋大明神」といった。「西岩屋」があれば、

大宅の岩屋神社

「東岩屋」があってしかるべきで、現に東部の大宅に岩屋神社があり、古くには「東岩屋大明神」といった。

前出『山城国山科郷古図』には、「二条十五里　宮浦東里」に「東岩屋殿」、同じ十五里の六条、「石川里」のところに「西岩屋殿」の書き込みがある。二つの岩屋殿は対峙しており、一対とみてよい。『拾遺都名所図会』でも両社は同じで、宮道氏の祖神を祀るとする。

ところが、宇治郡役所編纂の『京都府宇治郡誌』では、両者の祭神の数も名もちがう。大宅の岩屋神社の祭神は天忍穂《あめのおしほ》耳命《みみのみこと》、栲幡千々姫命《たくはたちぢひめのみこと》、饒速日命《にぎはやひのみこと》とされ、天忍穂耳命は、先にみた、天照大神と素戔嗚尊の「誓約の子生み」で生まれた大神の子、栲幡千々姫命はその妻、饒速日命は二人の子で、宮道氏の祖先とはとうてい考えられない。後年、祭神にされた神々だろう。それはともかく、ここに宮道氏の祖先が祀られていたとしたら、なぜ西野山と反対の東部の大宅で祀られているのか、理由がわからない。

実は、大宅の岩屋神社には、別の神体がある。本社の裏山に陰巌、陽巌とよばれる二つの巨大な岩があり、奥の院とされている通り、古代の祭祀で神の鎮座する場とされた、いわゆる磐座《いわくら》にほかならない。

大宅の岩屋神社裏手の巨岩

当社の起源はこの巨石信仰にあり、社名はこれに由来する、とみてよい。『京都府宇治郡誌』も「当社の根源」といい切っている。陰陽石を依代とする神を男神、女神とみれば、これが式内社の「山科神社二座」とみてとれなくはない。すると、こんどは、なぜ岩屋神が西野山で祀られているのか、問われねばならない。

西岩屋大明神の祭神は日本武尊と稚武王とされ、この二柱は宮道神社の祭神と同じで、やはり奉斎したのは宮道氏だったのだろう。しかし、あたりを見回しても巨石は見当たらず、ここが岩屋信仰の発祥地ではありえない。所在地は西野山の中腹で、見晴らしがよく、山科盆地を一望に収め、しかも、大宅の東岩屋大明神が座す音羽山が眼前にそびえ、朝日はその頂から昇る。そこで筆者は、当社がその遥拝所とみてきた。が、実は、ちがった。

平安時代の有職故実の研究書でもある年中行事の公事書『本朝月令』に、「山科祭事」の項があり、延喜十一年（九一一）に太政官符によって、「宇治郡山科に座す神二座」を官帳に載せた経緯が記されている。先に宮道氏人内蔵少允、宮道良連らが身内で祀る神の神名帳記入を願い出、認められたものの、いっこうに官帳に載らず、再度、嘆願して実現し、幣に預かることになったこと、「公家春秋之祭」もはじまったことが述べられている。つまり、醍醐天皇の外戚になった宮道弥益の権勢を借りて、宮道家が祖神を祀る社を式内社として認めさせたということである。その結果、春秋には勅使がやってくる。それを受けて供奉した、西野山の郷士十人全員が「常帯刀」だった。当然、世間の評価は上がり、「山科一の宮」で通ることになる。

しかし、ここで、気になることがある。全国の年中行事を網羅した、江戸時代前~中期頃成立の、黒川道祐の『日次紀事《ひなみきじ》』には、祭礼が「山科祭」でなく、「山科西ノ山祭」となっている。祭りは西野山に限定されたものだったようだ。それでは「山科一の宮」とはいいがたい。

大宅は山科盆地の東端、西野山は西端に位置し、接点がないようだが、そうでもない。『今昔物語集』の高藤の故事譚では、醍醐天皇が弥益の家を寺にして、それが勧修寺であることを述べた後、つづいて、妻が向かいの東の山辺に堂を建て、大宅寺という、と述べている。事情は知れないが、東岩屋大明神の創建は、社伝によれば、宇多天皇の御世のこととし、醍醐天皇はこの天皇の御子である。天皇の妃が仏堂の造営地として大宅を選ばれたこと自体は意外でない。目的は何だったのか。憶測の域をでないが、筆者は東岩屋大明神の神宮寺とされたのではないかと思う。明治維新の神仏分離までは神仏一体で、ちょっとした神社には付随して神宮寺が建てられたもので、西野山の山科神社（西岩屋大明神）の隣には岩屋寺が現存する。

山科家は大宅にその荘園となった山科郷の政所を置き、大宅の産土神である東岩屋大明神を篤く敬った。『山科家礼記』は、「岩屋大明神」の出現の年を語るところで、「当社岩屋大明神」といういい方をしており（応仁二年三月九日条）、この神は山科家の氏神となっていたようだ。そして、その祭礼は大宅でも、西野山でもおこなわれている。ただし、大宅の方は、『山科礼記』に関連記事が頻出するのに、西野山に関する記事はとぼしい。その差の理由は後でみる。

山科家がおこなった岩屋神祭で注目されるのは、おこなわれたのが大般若経の読誦だったこと。つまり、法事だった。右記の通り、明治維新までは神仏は習合し、実権をにぎっていたのは仏家で、神社に社僧がいて、日常的に読経していたものである。東岩屋大明神で経を上げたのは大宅寺の僧だった、と筆者は思う。一方、西岩屋大明神の方だが、『山科礼記』文明十二年（一四八〇）四月十五日の条に、東岩屋社供僧、勧修寺教秀に礼を贈ると読める記事があり、察するに山科家は西野山が遠すぎるので、西岩屋大明神の法事は、近くの勧修寺に委託していたのではないか——。

三之宮神社

さて、もうひとつ。東西両岩屋の中間の東野に、「三之宮神社」という社がある。『京都府宇治郡誌』によれば、創建は醍醐天皇の御宇《おんぎょう》、延喜年中のこと。祭神は鸕葺草葺《うがやふき》不合命《あえづのみこと》（表記は神社による）で、東岩屋大明神で祀る天忍《あめのおし》穂《ほ》耳尊《みみのみこと》の曾孫であり、神武天皇の父である。これも本来の祭神とは思えない。中世の沿革はつまびらかでないが、朝廷の信奉は篤く、応永三年（一三九六）、後小松天皇が荒廃していた神社を再興。このとき、大般若経六百巻を奉納された。その転読を山科郷中が近世を通して、定期的におこなってきた。それが山科郷民の結束を高めてきた、といわれ、それはその通りであろう。しかし、ここで看過できないのは、大般若経の読誦は大宅の東岩屋大明神の祭礼でおこなわれていたということ。であるなら「三之宮」も岩屋信仰とつながるのではないか。後小松天皇の経典奉納は、久しくとだえていた法事の復活をはかってのことではなかったか。

山科は応仁の乱で戦火にあい、壊滅。三之宮も廃社になっていたようで、元和三年（一六一七）、後水尾天皇が復興。同九年、勅命で「勅願所三之宮」と定められた。社名から「山科の三の宮」とみられてきたが、天皇が社格を決められることはないし、勅願の社が三位であるはずもない。

そもそも岩屋神を祀る所は、三カ所あったようだ。『山科家礼記』の延徳三年（一四九一）五月二日の条に、山科郷諸社へ「心経」を下したことが記され、その中に「東岩屋」、「西岩屋」、「上岩屋」の名がある。翌年二月二十六日条には、「山科東庄おとな」が博打停止の誓約をおこなったことが述べられ、その文中に、違反すれば「岩屋三社の御罰」こうむるべし、とある。この「上岩屋」が後年復興された「三之宮」ではないか。

「三之宮」は東野の鎮守社とされるが、その祭礼が東野、西野、西野山の三郷でおこなわれていたことを示す史料がある。「土橋家文書」（『史料 京都の歴史』所収）がそれで、三之宮神輿巡行について三村でおこなった取り決めが載っていて、巡行は西野山、東野、栗栖をめぐっている。以上のことをもとにして考えると、「三之宮」とは、「三郷で祀る社」の意と考えられそうだ。

ここいらで、山科の大岩信仰について、見直してみることにする。

宮道神社から深草にぬける道を以前は「大亀谷街道」とよんでいたので、気がつかなかったが、今は「大岩街道」とよばれ、名の由来は、街道の南側に位置する大岩山、引いてはその山腹にある大岩神社による。名の通り、巨岩を神体とする。知名度が低いのは、社が街道からはなれ、しかも下社がないからだろう。社に通じる山道も狭く、急で、参拝者がいるとも思えず、廃社かと思ったら、何年か前に訪れたときには、まだ老夫婦の宮守がいた。岩屋信仰は大宅の岩屋神社の巨石信仰から起こった、とみていたが、西野山にも巨石信仰はあった。これは見過ごせない。

大岩街道をへだてて北側にあるのが稲荷山で、地図を見ると、山頂の南、大岩神社にほぼ対峙する位置に、「大岩大神」が祀られる形になっている。どうみても一対の信仰だ。

さっそく確認に出向いた。しかし、登り口が見当たらず、あきらめ、そのまま忘れてしまっていた。

ごく最近、『拾遺都名所図会』を開いていると、「稲荷山」の項に、僧正峯について、次の記載があった。「今、山間に神座の跡あり。これを御前《ごぜん》の渓《たに》といふ。此渓《たに》の北に岩あり。雷岩《らいがん》となづく」。この岩を依代にするのが、稲荷山の大岩大神にちがいない——。

稲荷信仰は、稲荷山の三つの峰に鎮座する神々を祀ったことに起こるとされ、その三つの渓谷が集まるところが「御前の渓《たに》」で、神々に御膳を供する場というので、現在は「御膳谷」といっている。この谷の奉拝所の前に、神

伏見稲荷大社　御膳谷

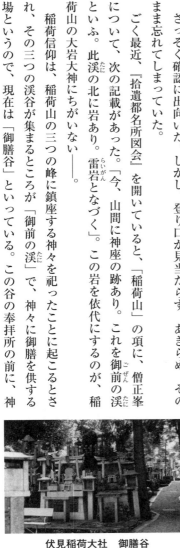

伏見稲荷大社長者社「剣石」

饌を置く、小さい平石が置かれ、「御饌石《みけいし》」とよぶ。その背後には無数の神々を祀る、いわゆる「お塚」が所狭しと建ち並ぶ。当地の祭礼が一月五日におこなわれる「大山祭」で、山上の神蹟七カ所に注連縄《しめなわ》を張るので、「注《し》連《め》懸《か》けの神事」とよばれ、大社の年中行事の中でもとりわけ大祭とされるものである。そこから先へ谷を越えて進むと長者社で、巨石が祀られている。これが「雷岩」で、現在、名は「剣石」となっている。てっきり、これが大岩神の磐境《いわさか》——と思ったが、ちがった。

　大岩神を祀る「大岩社」は別にあり、いわゆる〝お山めぐり〟のコースからはずれ、訪れる人もいないが、上の社（一の峰）の横の脇道をとれば行けるはず、ということだったので、行ってみることにした。その顛末。

　このあたり唯一の三角点の近く、と聞いて、気軽に出かけたら、ほどなくして道筋がわからなくなり、迷ってしまった。あわや遭難、というところで、四つ辻に出、粗末な板の道しるべがあったものの、朽ち倒れていて、道しるべの用をなさない。それでも書かれた四つの道の行き先は読め、稲荷大社、深草、滑石《すべりいし》街道、大石良雄旧蹟となっていて、一応、そのどれかに出られるわけで、ほっとした。

　先に書かなかったが、御膳谷奉拝所と長者社の中間の石井社の横に「右　山科の里大石良雄旧蹟」と記した石の道しるべがあった。建立年号が読み取れなかったが、さほど新しいものではない。茶店の主人の話では、山科に出るには一番便利、とのことだった。

大石良雄旧蹟―即ち大石神社―に向かうつもりで、あてずっぽうに選んだ道は、深草道だった。そうと知らず、山を下り出してすぐ、狭くて急な石段道になり、それが延々と麓までつづいた。途中に御剣滝という滝場があり、そこに「大岩神道」の道標があって、それまできた道の方向をさしていたが、引き返す気力は残っておらず、そのまま下山。着いたところが、大岩街道の北側を、街道に平行して走る道で、旧道らしい。（醍醐天皇の生母、胤子の小野陵はこの道沿いにある）。大岩神社は目と鼻の先だったが、旧道と新道をつなぐ道がなく、結局、深草の宝塔寺まで歩かされるはめになり、さんざんな目にあった。しかし、おかげで、山科と稲荷の大岩信仰が一体であることが確認できた。

実は以前、山科神社を訪れた際、本殿の横に沢道があったので、それをたどって裏山の尾根に出てみると、なんと眼下にあったのは伏見稲荷大社だった。山科と伏見稲荷は背中合わせだったのである。

稲荷山の東側山麓、山科の大石神社の近くの西野山中臣町に、折上神社という古社がある。境内にちょっとした封土があり、「中臣群集墳跡」の石碑が建つ。古くはこのあたり一帯を古代豪族の中臣氏が支配していたといわれ、近年までこのあたりにあった「中臣十三塚古墳群」のひとつとされる。祭神は稲荷神で、「山科の稲荷」とされているのはよいのだが、社では「伏見稲荷の奥の院」と称しており、この点が長らく、引っかかっていた。しかし、山科と伏見稲荷が背中合わせ、ということであれば、さもありなん、と思う。

その北の花山稲荷神社も、「花山稲荷」とよばれている。『拾遺都名所図会』は「世の人大石稲荷と称す」と記す。大石良雄の閑居に近いせいい、と思われるところだが、実はかつて、ここに「十丈の巨石」があり、

花山稲荷神社と断食石『拾遺都名所図会』

それがご神体だった。『拾遺都名所図会』にちゃんと絵描かれている。しかし、場所が本殿と拝殿の間なので、宮司さんに教えられるまで、見落としていた。この岩がなくなったのは、明治時代のこと。琵琶湖疏水ができ、西野山あたりも農地に変わり、農民が、邪魔だというので、ダイナマイトをしかけて取り払ってしまった由。この神社がかつての「西岩屋大明神」であってもおかしくない。

『拾遺都名所図会』には、神社の後方にも小型の岩が描かれ、「断食石」とよばれている。現在は本殿の前に移し置かれ「大石良雄断食石」と銘がうたれて、それなりの説明があるが、付会説にすぎない。

大宅の岩屋神社も伏見稲荷とつながっている。その証が本社から奥の院に通じる道にトンネル状につらなる、伏見稲荷大社のそれと同じ赤色の「千本鳥居」で、稲荷信仰は山科盆地の東部にまでおよんでいた。

さて、伏見稲荷大社の信仰だが、この神社はその神名によって、これまで俗に「稲の神」とされてきた。だが、この神は元来、稲荷山の峰で祀られており、稲の神ではありえない。では、何の神か。それを知る手がかりとなるのが、ほかでもなく、この神が峰で祀られていた、という一事で、稲荷山の峰の近くには渓谷があり、渓谷には岩場と滝がある。両者は一体で、滝の水は岩場から流れ落ちてくる。五穀をうるおす、農耕にとって欠かせない水――。その〝恵みの水〟を、人々は神に祈願することになる。

加えて古代人は、雨をもたらすのは雷、と考えていたふしがある。山城盆地で雷が鳴りはじめるのは、大体、北では鞍馬山、東では稲荷山あたりで、鞍馬の貴船《きふね》神社の雨乞いは、古来、有名だ。同様に、稲荷山の雷岩でも雨乞いがおこなわれていたのではないか。稲荷山の神は雷神で、人々はこの神を祀ることをもって、五穀豊穣を祈った――と筆者は考える。

稲荷山の雷岩信仰は、山の東西の麓の住民に信奉され、山城が都になると、新都でも敬われ、さらに全国的に普及して行ったようだ。

第六章　乱中の山科

道を行くのは旅人とかぎらない。戦乱があれば兵士も通る。交通の要衝である山科は、古来、たびたび戦乱にまきこまれてきた。その初見を『記紀』に求めると、新羅征伐で名が知れる神功《じんぐう》皇后の御代に起こった忍熊《おしくま》王の乱がある。『紀』の方が詳しいので、こちらをもとにあらすじを述べる。

新羅征伐を終えた皇后は、帰途、筑紫で、のちに応神天皇となる誉田別尊《ほんだわけのみこと》を生み、それがもとで、異腹の皇子、忍熊王が兄・麛坂《かごさか》王と組んで反乱を起こす。これに対し、皇后は大臣の武内宿禰《たけのうちのすくね》と「和珥臣《わにのおみ》の祖《おや》」である武振熊《たけふるくま》に「数萬《よろずあまり》の衆《いくさびと》を率《ひき》いて」鎮圧させた。まず、両軍は「菟道《うじ》」で衝突、逃げ出した忍熊王に皇后勢は「逢坂」で追いつき、討った。地名の「逢坂」はこれに由来する——とする。

単なる地名由来譚にすぎないかもしれない。そもそも、史学会の定説は、応神天皇以前の天皇は架空としており、右の反乱は研究の対象にもなっていないようだ。しかし、『記紀』の両方に語られていることで、なにがしかの史実を映し出しているのではないか。

留意すべきは、両軍のとった行程で、奈良、宇治、逢坂のコースは、まさに旧北陸道だ。忍熊王の最期について『紀』は、武内宿禰の歌の形で、逢坂のあと、淡海、瀬田、田上を過ぎ、菟道で（屍《しかばね》を）捕えた、としている。これも前記した「越の道」の一部で、旧北陸道はすでにこの時代に成立しており、古代の重要道路となっていたことを表わすものではないか。応神天皇については、『記紀』に「近江行幸」

の話が出ており、ありえない話ではなくなる。

忍熊王が逢坂に向かって逃亡をはかったことも無視しがたい。逃亡中にたまたま逢坂に着いた、という話でなく、目的地は近江で、逢坂山峠を越えて近江に向かったようだ。つまり、彼の支援者がこのあたりにいたことをうかがわせる。事実はどうか。

神功皇后の和風謚号は「おきながたらしひめ」で、『記』では息長帯比売、『紀』では気長足姫と表記する。「息長」といえば、古代近江を支配した渡来系の三豪族のひとつ、湖北坂田郡を本拠地とした息長氏がいる。湖西の堅田あたりを本拠としていたのが和邇氏で、「和邇」の地名が残る。息長氏と和邇氏にはどこかに接点があるのではないか。

和邇氏の分家が小野氏で、小野氏の存在が山科で重いことは、これまでにみてきた。拠点は現在の小野だったろうが、近くに石田があり、ここに渡来系の土師氏の氏神、天穂日命が祀られている。

山科が、忍熊王にとって頼れる地であったことはまちがいない。

さて、天智天皇十年（六七一）、天智天皇が崩御。皇位継承をめぐって、天皇の弟である大海人皇子と、子である大友皇子との間で壬申の乱が起こる。生前、天智天皇は大海人皇子を皇位につけるつもりだったが、大海人皇子が固辞。出家して、吉野に隠棲する。ところが、天智天皇が亡くなった後、近江朝廷側が、天皇の山陵を築造するためと称して、美濃と尾張で兵力を動員していることが判明。大海人皇子は皇権奪取を決意し、吉野を出て美濃に。先手を打って、近江と美濃の境の不破道をふさぐ（これが後に、第三章九節でみた不破関となる）。さらに臣下を東国、大和、筑紫、吉備に遣わし、「軍兵をことごとく徴発」させた――と「天武紀」(『紀』)にある。それなら筑紫、吉備で召集された兵士は山科を通って近江に入ったはず。と決めこんでいたが、今回、あらためて読み直してみると、筑紫からも吉備からも、結局、出兵していなかった。しかし、それなら山科は壬申の乱と無縁かといえば、そうでもなさそうだ。

乱の最終戦は「瀬田川の対陣」で、東方から攻め入る大海人皇子の軍勢を、近江朝廷側は瀬田の大橋西詰めに陣取って、迎え撃つ。結果は近江朝廷、すなわち大友皇子の負けで、「辛うじてのがれ逃げ」、「山前《やまさき》」で自殺した。問題はこの「山前」で、その所在については、古来、諸説あり、有力なのは大津市長等山と京都府乙訓郡大山崎とする説で、吉川弘文館『国史大辞典』は、「後者とするのが妥当」としている。論拠は示されていない。とにかく、もしそうであれば、大友皇子は山科をぬけて行かれたことになる。

戦局が不利になって、大津京におられた皇子は退路を狙われたであろう。近江の古道で大津とつながった道といえば、先にみた、奈良を起点として北陸に出る旧北陸道がある。大津京の南部には、大海人皇子の軍勢が瀬田までせまってきていた。北部では、大友皇子の計画を見透かしたように、大海人皇子が早々と湖北の高島郡三尾を制圧し、退路を断っていた。それなら西方に向かうしかない。ここには山科にぬける小関越え道がある。筆者はてっきり大友皇子はこの道をとって大山崎に落ちのびられたと考えてきた。それがどうもおかしい。『紀』によれば、皇子は「山前」に至り、行き場を失って自殺した。「山前」は逃亡の行く先ではなかった。どこに行かれるつもりだったのだろう。行く先によれば、山科を通られなかった可能性も出てくる。「大山鳴動ねずみ一匹」のような話だ。

ともあれ、それ以降しばらくつづいた山科の平穏は平安時代末期に破られた。それは後白河上皇の第二皇子、以仁王《もちひとおう》が、鵺《ぬえ》退治で名をはせた源頼政のすすめで、平家打倒の宣旨を諸国の源氏に発したことにはじまった。以仁王のこの動きは事前に発覚。いったん園城寺にのがれたあと、頼政とともに奈良に向かう。しかし、宇治の平等院に落ちのびたところで、平家軍に追いつかれ、宇治川をはさんで合戦となり、結局、ここで討たれた。宇治までの行程は、神功皇后の御代の武振熊とは逆方向に園城寺から小関越え道で四宮河原に出、奈良街道をとって、宇治に入る、というものだった。

さて、その後、以仁王の宣旨に呼応して立ち上がる者が次々と出てくる。そのひとりが伊豆の源頼朝、もうひとりが木曽の源義仲で、義仲の軍勢が近江に着いたという報が都に伝わると、平知盛《とももり》、平重衡《しげひら》らが兵三千騎を率い、「都をたってまず山階《やましな》」に陣を張る。源平合戦の火ぶた、山科で切られる——と思いきや、清盛は都に火を放ち、高倉天皇を奉じ、さっさと福原へ落ちのびた。おかげで、このとき山科が戦乱にまきこまれることは回避された。

無戦勝で京に入った義仲だが、京での評判はすこぶる悪かった。なにぶん木曽育ちの田舎者。粗野な言動が都人のひんしゅくを買った上、大半の平家の官職を解いたのが敵をつくり、一度は反清盛の立場をとって義仲を支援した後白河上皇は、一転して、義仲の追討を命ずる。鎌倉の頼朝もおどろき、弟の範頼《のりより》、義経を遣わし、義仲を討たせた。再度、宇治川合戦となり、やぶれた義仲は、都から落ちのびていく。「鴨河ざっとうちわたし、粟田口、松阪にもかかりけり。去年《こぞ》信濃を出しには五万余騎と聞こえしに、けふ四の宮河原をすぐには主従七騎になりにけり」と『平家物語』は語る。結局、最後は今井四郎と

平清盛の軍勢「平治物語絵詞」『続日本絵巻大成』

二人きりになり、近江の粟津の松原で水田に足をとられたところを、あわれ、敵に首をかき取られ、最期をとげた。義仲を葬ったところが大津の義仲寺で、芭蕉の墓も同寺にある。

一方、平家の大将、重衡は一の谷の合戦で捕らえられ、鎌倉に送られる。逢坂山にさしかかり、蝉丸の「これやこの――」の歌を思い浮かべ、二度と越えることもあるまい、と悲壮な気持ちで越えていったが、案に相違して、鎌倉では頼朝に厚遇された。ところが、重衡は先に南都を攻め、東大寺、興福寺を焼き払っており、南都の僧から、彼の身柄の引き渡しをやいのやいのといってきて、頼朝もそれに抗しきれず、重衡を奈良に送る。賊将とて都に足を入れることもかなわず、「大津より山し《科》など《通》おりに醍醐をへてゆけば、日野に近かかりけり」(『平家物語』)。日野には北の方が戦火をさけて疎開していた。

北の方と最後の涙の別れをし、重衡は奈良に向かい、途中の木津で誅せられ、日野に葬られた。その墓を土地の人が「武士塚」と称し、六月二十三日に「平重衡忌」をおこなってきた由だ。なお、重衡は後章で改めて顔を出す。

さて、源平合戦が結着。源頼朝による鎌倉幕府が成立し、名実ともに武家の世となる。それを許せなかったのが後醍醐天皇で、中納言日野資朝《すけとも》、蔵人右小弁日野俊基《としもと》らと倒幕を計画。発覚して二人は捕えられ、資朝は佐渡に流され、同地で斬られた。俊基は鎌倉に送られたあと、放免されて帰京。しかしふたたび倒幕計画に加わって、僧文観らと共に捕らえられ、関東に送られることになる。その道行き文が『太平記』巻二をかざる。「憂《ウキ》ヲバ留《トメ》ヌ相坂《アフサカ》ノ、関ノ清水《シミズ》ニ袖濡《ヌ》レテ、末ハ山路ヲ打出《ウチデ》ノ濱……」。俊基は涙して山科を通って行った。

反幕の急先鋒は後醍醐天皇の長子で、比叡天台の座主だった護良《もりよし》親王（大塔宮）。比叡臨幸とみせかけて後醍醐天皇を笠置山に行かせ、自分は比叡山で決起、幕府と対決する。天皇が比叡山におられると思っている六波羅軍勢は山を取りかこむ。正面の攻撃軍五千余騎は赤山禅院の麓に、判官佐々木時信らの七千余騎は「大津、松本を経て、唐崎の松の辺」に陣どった（『太平記』）。南北朝時代といわれる戦乱の世は、この七千人の軍兵が山科を駆け抜け、はじまった。

天皇が笠置山におられることが判明すると、幕府側は全国から兵を集めて、笠置山を攻める。天皇側は楠木正成の応援を得て戦ったものの、結局、笠置山は落ち、天皇は隠岐に流され、新帝に光厳天皇が立ち、北朝の初代天皇となる。

なお、幕府が召集した東国勢三十万余騎は、途中で笠置の陥落を知り、楠木正成のこもる赤坂城へ、一部は伊賀、伊勢を経て、一部は「宇治、醍醐ノ道ヲヨコギッテ」行く。山科を通過した兵数はわからないが、おそらく万単位であったろう。

その後、護良親王が吉野で挙兵。正成も千早城に拠って、これに呼応する。親王から朝敵を討つよう令旨を受けた赤松入道円心も播磨で兵を挙げ、全国の同志がぞくぞくと集結。おどろいた鎌倉幕府は関東、並びに、諸国七道の軍勢を、応援として六波羅に送った。都は八十万の軍兵であふれかえり、洛中からはみ出した者は、「醍醐、小栗栖、日野、勧修寺」をはじめ、そこら中を宿にした。前代未聞だった。

この合戦の合間に後醍醐天皇は隠岐を脱出、足利尊氏が天皇を奉じ、新田義貞が挙兵。そして北条家滅亡——と、世はますます波瀾万丈である。

とかくするうちに、後醍醐天皇と尊氏の関係が悪化。

足利勢の上洛『太平記絵巻』

尊氏は天下をねらい、箱根で義貞と戦をかまえ、義貞が敗れて西走すると、尊氏はこれを追い、その後を官軍の北畠顕家が追う。顕家は『神皇正統記』を著した北畠親房の長男である。「顕家卿は三萬餘騎ニテ、大津ヲ経テ、山科ニ陣ヲ取」り、また山科は戦乱に巻きこまれることになった。

正成が湊川の合戦で戦死したあと、後醍醐天皇は延暦寺を拠点にして、同志をつのられ、「宇治、田原、醍醐、小栗栖」等の者二千人がはせ参じた。「山科」の名がみえないが、南山科の醍醐、小栗栖の者が参戦しているのに、「天領の民」を自負する山科の郷民が手をこまねいていたはずはなく、やはり、参戦したであろう。

ところで、倒幕計画に加わり、笠置陥落後に捕らえられ、佐々木道誉の警固の下に鎌倉に送られることになった中納言源（北畠）具行《ともゆき》が、逢坂の関にかかったときに詠んだ歌がある。ここを通るのもこれが最後と、詠んだものだ。「帰ルベキ時シナケレバ是ヤコノ行テ限リノ会坂ノ関」。蝉丸の歌のもじりで、ここを通るものは、おのずとその蝉丸の歌を思い浮かべる。実際、具行はこのあとすぐ、近江の柏原で斬られ、関を二度と越えることはなかった。

後年、同道した道誉も上総に流刑になる。そのとき、若党四百余騎が近江の国分寺まで見送った。道誉をはじめ若党は全員が猿皮を腰につけ、猿靭《さるうつぼ》を背負っていた。流刑の理由が天台派妙法院とのいざこざであり、比叡天台と一体の日吉山王のお使いである猿をおとしめる行為をすることで、いやがらせをしたのだった。倒すことのかなわなかった大敵に、皮肉をもって一矢報いんと、大いばりで逢坂山を越えた敗者は、このバサラ大名ぐらいだろう。

明智光秀の最期の地

南北朝の争いがやっと終わった、と思えば、次は応仁の乱。そしてその後に起こった本能寺の変――。

周知の通り、備中で戦っていた豊臣秀吉の応援を命じられた明智光秀が変心。安土城を本拠とする信長が本能寺に泊ったところを闇討ちし、信長は自害した。この事変は各地に伝わり、秀吉は取って返し、光秀を攻める。俗説では、逃げ出した光秀は、山科で土地の農民に竹槍でさされ、落命したことになっているが、実際は、小栗栖一帯の土豪だった飯田一党の襲撃を受けて、あえなく最期をとげたようである。

いずれにしろ、光秀の「三日天下」終焉の地として山科の名は売れた。

明智藪

二十　応仁の乱と山科

京都の社寺を訪れると、行く先々の案内板に判を押したように、「応仁の乱で戦火にかかり焼失、再建」とあって、戦禍のほどを思い知らされる。乱は応仁元年（一四六七）の勃発から、文明九年（一四七七）の終焉まで、十一年におよんだ。細川勝元が率いる東軍と、山名宗全（持豊）が率いる西軍に分かれ、全国各地で合戦が繰り広げられ、緒戦で主戦場となった京都はほぼ灰燼に帰した。近郷もまきぞえをくい、そのひとつが山科だった。

乱に関する基礎資料とされるのは、『群書類従』所収の『応仁記』。しかし、作者も成立年代もわからず、しかも、いわゆる軍記物で、どこまで史実に忠実かもわからない。

当時の日記類にも関連記事は散見されるが、中でも詳しいのが興福寺大乗院の門跡、経覚《きょうかく》の『経覚私要抄』と、経覚の後を継いだ尋尊《じんそん》の『大乗院寺社雑事記』で、昭和のはじめに東京大学史料編纂所が手がけた『史料綜覧』でも、たびたび引き合いにされている。ただ、なにぶん経覚も尋尊も奈良在住で、伝聞を書き記すだけ。経覚自身、「京都情勢雑説多端（雑多）」、「京都浮説多し」と、信憑性の低いことを認めており、風説の裏付けが要る。

その点、前出の山科家の家司《けいし》、大沢氏の『山科家礼記』は業務日誌で、実記。内容は山科家に関することがほとんどだが、戦乱にもふれ、乱中の山科の動向を知る好史料だ。おしむらくは、開戦年である応仁元年と、三年（四月に文明と改元）の巻を欠くことであるが、初年の戦闘はもっぱら洛中でおこなわれ、二年目に戦火が洛外に飛び、三年目は戦局が地方に移るので、山科の動向を知るには、応仁二年の記録があればよい。さいわい、それがそろって残っている。本書の価値をさらに高めるのは、重要参考資料とされる『大乗院寺社雑事記』が逆に、応仁二年の記録の大半を欠いているからで、それを補う史料として大変貴重だ。本章では、これまでほとんど注目されなかったこの古文書をもとに、話を進める。

その前に、乱の背景と経緯をみておく。はなはだ複雑であるが、おおざっぱに説明する。時の室町幕府八代将軍足利義政は、銀閣寺の名で知られる東山山荘の造営で名を残す通り、風流と浪費にうつつをぬかし、統治能力を欠いていた。幕府の実権が、将軍家を補佐する管領家の細川勝元、軍事や徴税などにあたる四識家の山名宗全などの守護大名に移っていくなか、折しも、将軍家に後継者問題が生じる。義政には嫡子がなく、出家していた弟の義尋を還俗させ、義視《よしみ》の名で跡取りにする。その直後に、正室、日野富子が義尚《よしひさ》を産み、富子は宗全を頼って、義尚の将軍就任を策したため、義視の後見人だった勝元と宗全が反目することになった。実は、両雄は将軍を補佐する管領の斯波《しば》家、畠山家の家督争いにも関与し、対立していた。

応仁の乱の直接の引き金となったのも畠山家の内紛だった。実子のなかった畠山持国が、弟の子政長を養子にして、跡継ぎと定めたところ、側室に義就《よしなり》が生まれ、彼を跡継ぎにしようとしたことから、畠山家は二分して争うことになった。いったんは細川勝元に頼った政長が家督をつぎ、管領職につくが、応仁元年正月、下野していた義就が山名宗全の後押しで、軍勢を引きつれて入洛、政長の追い落としにかかった。義就に邸宅の譲り渡しをせまられた政長は家に火を放ち、上御霊神社に陣を張るも、これを義就が襲い、政長は勝元邸にのがれた。

ことここに至っては、畠山家の内紛では収まらなくなり、勝元と宗全との反目は抜き差しならぬものになった。両者は兵を集めて、対決姿勢を強め、決戦は時間の問題だった。正月二十六日、戦乱の火ぶたが切られた。このときの配陣に従い、東軍、西軍の名が生まれる。

東軍の兵力十六万一千五百余騎、西軍の兵力十一万六千余騎——とするのは『応仁記』で、その数は鵜呑みにしがたいが、京市内が兵士であふれかえったことはまちがいない。地方から上洛した兵士の宿泊所となったのは社寺だったろうから、焼き討ちの対象になったのも必然といえる。近隣の人家への類焼も免れない。同書の「焼亡之事」は六月八日の戦禍として、「公家、武家の家三万余。皆灰燼と成」と記す。

これにつづくのが「三宝院責落事」で、三宝院といえば、思いつくのは山科醍醐の三宝院で、筆者もてっきりそうだと思い、早々と山科が戦乱にまきこまれたことにおどろいたが、実は、この「三宝院」は東軍が拠点にしていた洛中土御門万里小路の院家のことで、これまで劣勢だった西軍が、周防の大内政弘の軍の加勢を得て、反撃に出たことを伝える記事だった。

右の記事につづくのが「岩倉合戦之事」で、岩倉といえば、今なら岩倉具視幽棲旧宅のある左京区岩倉の地を思うのがふつうだが、これは先にふれた、都城鎮護のために経典を埋蔵した東岩倉のこと。摂津に到着した大内勢を攻めに行って大敗をきっした東軍の細川、赤松勢が京都にもどりつき、五条から「シル谷越ニ山科ヲ過テ、南禅寺ノ上ナル岩倉山ニ陣ヲ取」ったところに、西軍が押し寄せ、「南禅寺」、「粟田口日ノ岡峠」、「山科口」の三方から攻め上げたので、東軍は敗退。このとき、南禅寺と粟田口の青蓮院が焼失した。

戦場になった東岩倉山は山科領にはちがいないが、実際は南禅寺の裏山で、山科が戦乱にまきこまれた、という話にはならない。東西の軍勢が山科盆地の西端を通過した、というだけのことにすぎないが、兵士を目にした住民は、戦火が身近にせまっていることを痛感したにちがいない。

これは九月のことで、十月には市内で合戦があり、西軍の手で相国寺が焼かれている。しかし、戦況は小康状態で、山科も平穏だった。ところが、年が変わると、戦況も変わる。

『山科家礼記』の応仁二年の書き手は大沢重胤で、正月十九日条に「細川殿ヨリ東西野伏カケ在之」とあり、勝元が京都の東西の山野に兵を配し、戦闘体制に入ったことを伝える。それを追うように、二十七日条に、勝元が「山城国山科大宅里」に、軍勢乱入を禁ずる制札を立てたことが記されている。制札は「東庄の申出」に応えたもので、「東庄」は山科家の山科政所があるところ。察するに、戦乱に巻き込まれることを憂えた山科家が、早々と勝元に、東軍の兵を山科に投入しないように要請、勝元はそれを承諾。その代わり、山科郷が西軍の兵を入れることを禁じたものだったようだ。

ところが、二月に入って、思いがけないことが起こる。醍醐三宝院の円存なる者が、西軍の兵を寺に引き入れようとして幕府に召し取られ、円存は自害した。虚をつかれたのは勝元だったろう。三宝院は皇族が門主をつとめる門跡寺院。勝元は自軍を〝官軍〟に仕立てるために、開戦と同時に天皇、上皇を擁立、東軍に引き入れていた。門跡寺院の三宝院は、当然、東軍派のはずだった。それが西軍にくみするとは——。

勝元はさっそく幕府に働きかけ、西軍の山科侵入の阻止をはかったようで、二月二十九日条に、二十一日付の「山科家雑掌（大沢久守）」宛の幕府奉行人の奉書が載り、「東山通路」の警固につとめたことに謝意を表するとともに、今後も粟田口あたりの警固にはげむように命じ、その忠節に恩賞を与えるとしている。同趣旨の奉書は「山科七郷住民」にも送られた。

つづいて三月二十日、稲荷社炎上。勝元から下京の焼討ちを命ぜられた「目付の骨皮道賢」が手下五、六百人をつれ、稲荷山の頂の社に陣取ったところ、西軍に攻めこまれ、敗走、討死。戦禍は「近所近郷在家寺社一宇これなし」という惨状で、重胤は「言語道断次第なり」と日誌に書きとどめている。『応仁記』もこの合戦を報じ、「醍醐山科合戦事」の見出しをつける。道賢一行は「山科ヨリ稲荷へ打越」えたとされているが、それだけでついた見出しとも思えず、被災した「近郷」に山科も名をつらねるのではないか。

さて、ここで「目付の骨皮道賢」が何者かみておきたい。『応仁記』も『山科家礼記』も「目付」とし、「目付」は侍所所司代に属する身分の低い盗賊取締役で、江戸時代の捕物帳に出てくる「目明し」に相当するようだ。一方、東福寺の僧太極の『碧山日録《へきざんにちろく》』は道賢を「足軽大将」とよび、「足軽」は、甲冑を身につけず、剣一本を手に、足軽く暴れまわる無頼の徒である、としている。大乗院尋尊の父で学者の一条兼良《かねら》も同じ見解で、将軍義尚のために著した政道書『樵談治要《しょうだんちよう》』に「足がるといふ者長く停止せらるべき事」の一節を設け、応仁の乱で初登場した「足軽」は前代未聞の悪党で、手薄な敵陣を打ちやぶり、火をかけて財宝を奪う。洛中洛外の諸社、諸寺、五山十刹、公家門跡の滅亡は彼らの所業、と断じ、「もののふの道」をわきまえぬ、こんな連中を戦役につけたのがまちがい、といっている。そのいい分から察するに、勝元と宗全の対立がこうじたところで、東軍、西軍の双方で軍拡が進められ、兵の質をとわず、目付を使って、俗に「悪党」とよばれた無法者まで徴用。その編成部隊が「足軽」——と筆者はみる。「足軽大将」とされた骨皮道賢自身は足軽でなかったと思うが、格付けは足軽と変わらなかったと思われる。

足軽のことは、『山科家礼記』では、応仁二年七月の清水山合戦の箇所にも出てくる。二十五日に、西軍の足軽が山科に攻めてくる、との報があり、翌日、東軍の足軽が山科にやってきた。大沢久守はそれを迎え、「頭六人」に「代百疋」を与えているから、東軍の足軽は山科家の傭兵だったことになる。二十八日、足軽が敵の土岐氏の拠点を焼き払うというので、久守も郷民も反対したが、聞き入れずに出陣。この日は合戦にならずじまいだった。翌日、今回も久守の反対をおしきって出陣。まず鳥辺道場付近に火をつけた。そこへ敵が「足軽其外大勢にて」攻め寄せてきた。小勢の東軍足軽はさっさと退却。その後、渋谷のほか、近所数カ所で火の手が上がったが、これは西軍の足軽の仕業であったろう。結局、一帯は焦土と化した。

話は五月にもどる。月末、西軍の畠山義就が宇治に陣を設ける、との説が流れ、幕府から、その節は宇治の槇島郷の民と組んで阻止せよ、との命令があった。山科郷民は、宇治出兵は難儀、と不服をとなえたものの、幕府から再度、「通路警固」命令が出る。奉書の日付が五月二十八日、重胤が受け取ったのが六月三日、郷民に告げたのが六日で、もたもたしている間に、事態は動いた。十三日、西軍方から奉書が届き、内容は、畠山義就が山城国守護の資格で代官を立て、山城国のすべての寺社本所領の当年の年貢半分は義就が借上げる、というものだった。年貢の借上げは軍費調達の手段だが、西軍に味方する者は免税、というのだから、懐柔策でもあった。

山科七郷では、各郷から十人の代表を出して、臨時の寄合をもち、協議。結局、否決し、西軍の圧力を一致団結して払うことにした。一方、重胤は東軍の山城国守護である山名是豊に相談に行った。その折、勝元がもっと山科七郷のことを知りたがったようで、久守が文書で報告。それが第五章十七節で紹介した「山科七郷事」で、この一文で山科七郷の実態が知れる。この時点で山科家が知行していたのは大宅村だけで、栂辻の領主名が挙げられていないのは、領主権をめぐって三宝院と係争中だったからである。そんな中で、山科家は「山科郷沙汰人」として七郷をまとめていたが、必ずしも七郷が一団となって行動したわけではない。

六月二十八日、またもや幕府奉行から、幕府（東軍）と西軍との合戦に際し、山科郷は出兵すべし、といってきた。その矢先の七月四日、花山で警鐘が鳴り、山科郷民が駆けつけた。ところが、野村だけが加わらず、「曲事也」と『山科家礼記』は記す。とはいえ、野村は三宝院領で、大沢家としては打つ手がない。野村が村八分にあった形跡もない。

なお、七月中旬、山科郷民が西軍を引き入れたとの噂が山科家の耳に入ったため、久守が山科におもむき、「郷のおとな」を一郷より二人召し寄せ、事情をただしたところ、事実無根とわかった。一方、郷民は、武家の長陣に文句をいっている。足軽が登場する清水山合戦があったのは、この直後のことである。

七月二十三日の記述には、山科家の当主言国が、管領職についた勝元の初出仕祝に出向き、勝元から「山科通路」に関する申し出があったことと、その顛末が載せられている。「山科通路」は敵が第一とする通路で、この道を塞ぐことが肝要と、その任務を山科郷に頼み、見返りに、兵糧料所として、四宮河原を山科家に贈った。さっそく通路警固命令が下り、それを郷民に伝えると、郷民は猛反対。重胤が説得にあたったが、同意を得られず、しかたなく、大宅郷衆だけで任務につくことにする。一行が花山に到着した直後、花山の警鐘が鳴り、七郷の郷民が駆けつけてきた。重胤は日誌に「目出度々々」と、安堵して綴る。この日、山科七郷の民は、郷の一体ぶりを発揮した。さっそく感謝状が勝元から久守と「山科七郷面々」にとどけられている。

八月に入ると、戦場は東山に移り、一日、西軍が東山あたりに放火。三日、粟田口を攻める。これに対し、山科郷民は、三条河原に打って出た。「両方被打」で引き分け。翌日、ふたたび戦闘。戦績は知れないが、後花園院、将軍義政が郷民の忠節をたたえているから、善戦したのであろう。

内蔵頭山科言国宛の賞状は、後花園院の女房が代筆。『山科家礼記』に引かれており、めずらしいものなので、紹介する。

山しな《科》の地下人、ちゅうせち《忠節》をいたし候よし、きかせ　おはしまし候。返々神めう《妙》に

応仁の乱図「真如堂縁起」『続々日本絵巻大成』

おぼしめし候。このやう御心へ候て、御下ち《知》候べく候
と、おほせ事候べく候。

七日には、西軍が清水山を攻撃。守りについていたのは御陵、安祥寺、西野の衆だったが、「敵大勢にてやがて退散」。山の南を守っていた大宅、野村の衆も、東軍の出陣なく、自分たちだけでは防ぎがたし、と早々に引き上げた。そのため、山科の音羽、小山、竹鼻を領有する東山の名刹清閑寺が焼けた。一カ月後、幕府は奉行松田数秀を音羽庄の代官に任命、三郷を御料地としている。

九日、東軍の赤松勢が山科に入る。その数わずか五十人。実は、東軍優勢ではじまった大乱だが、この頃には西軍が勢力を盛り返しており、このたびの西軍の東山攻勢もその表れだった。一方、東軍は兵力不足で、七日の戦闘には山科に兵を送れず、この日も派遣したのは五十人にすぎなかった。そんな東軍の劣勢ぶりを見透かすように、この日、西軍は山科七郷に、山科通路の閉鎖を命じた大沢久守を誅

罰すべし、さもなければ攻め入る、とおどしをかけてきた。しかし、七郷は東軍への忠節を誓い、それを明かすように、十四日、東軍が深草に陣取った西軍を攻めると、山科郷民も宇治槇島の郷民と組んで戦い、翌日、東軍が東福寺に隣接する法性寺を攻めると、これにも加勢。三日連続の戦闘で「東庄者」四人が手負った。

これ以降、『山科家礼記』の戦乱記事は急減。思い出したように、十二月十九日条に、西軍二百人ばかりが花山に攻めてきたが、武田衆とはかって夜討ちをかけて勝利したこと、二十二日、敵来襲とのことで、ふたたび出陣。二十五日、警鐘が鳴りわたり、七郷の民が花山に結集したものの、誤報とわかり、解散したことが語られているにすぎない。

足軽も参戦「芦引絵」『続日本絵巻大成』

したがって山科に関するかぎり、応仁の乱は終わった——と思ったら、ちがった。『大乗院寺社雑事記』にその後の記述が出ていた。文明二年（一四七〇）六月晦日条に、唐突に、西軍が山科を攻め落とし、「七郷之内、六郷焼失」とある。『史料綜覧』も二十九日のこととして、「西軍、東兵ヲ山科ニ攻メ、火ヲ村落ニ放ツ」と記す。もっとも、この出典は右の『大乗院寺社雑事記』で、他にこれを裏付ける資料がなく、信憑性はうすい。

一方、『山科家礼記』の七月二十日条には、「昨日下醍醐並山階焼失」

狼藉をはたらく足軽
「真如堂縁起」『続々日本絵巻大成』

とあり、『史料綜覧』もこの一件を載せ、典拠として『大乗院寺社雑事記』だけでなく、『勧修寺文書』『醍醐寺雑記』『東寺私用集』などを挙げている。したがって、七月十九日の山科の戦乱は史実で、この戦乱で山科が壊滅したことも、まちがいない。

とりわけ被害が大きかったのは醍醐寺で、広大な敷地に建ち並んだ伽藍は、五重塔ひとつを残して全滅。『東寺私用集』に「京中ノ足軽放火也」とあり、やはり、「足軽」の仕業だった。なお、東寺文書にこの一件が書き残されたのは、洛中にあって、戦禍をおそれた寺が、貴重品を醍醐寺にあずけていたからで、その被害報告というわけだ。気をきかせたつもりが裏目に出た。

交通の要衝は、戦時には軍事上の要衝になる。応仁の乱において「山科通路」の軍事上の重要性に最初に気づいたのは東軍の総師細川勝元で、西軍にこの道を使わせないと決めた勝元は、山科家に通路の警備を依頼。「天領の民」を自負する七郷の郷民は天皇をいただいた東軍の頼みをむげにことわることもできず、不承不承従ったが、結局、ほぼ全村、壊滅の憂き目にあった。その史実を知る住民は、今では皆無に近い。

二十一　一揆への加担と関

応仁の乱と前後して、一揆が世をゆるがせた。「一揆」とは〝要求の貫徹を目指した集団蜂起〟で、要求の内容や行動者のちがいで、土一揆、馬借《ばしゃく》一揆、一向一揆、徳政一揆などと、よばれている。

先がけとされているのは、正長元年（一四二八）に近江の馬借が起こした一揆に端を発する「正長の土一揆」。中央公論社『日本の歴史』に、「天下の土民蜂起」の見出しで、「口火を切ったのは、近江の坂本、大津あたりの馬借であった。馬借というのは物資の運送にあたる馬方である。彼らが蜂起したのは八月のことであった。蜂起のきっかけが何であったのか、またどれほどの数の馬借が蜂起し、どんな行動をとったのか、はっきりと知ることはできない。しかしそれはすぐ山城に波及した」とある。一揆は九月には山科に飛び火した。

それを伝えるのが醍醐寺の座主満済准后《まんさいじゅごう》の日記。「九月十八日。今暁、当所醍醐の地下人、徳政と号して蜂起。方々の借書を奪い取って焼く。およそ徳政のこと、近江から起こったもので、八月以来のことのようだ云々」（原漢文）。満済から急を告げられた右京大夫（京兆）細川晴元はさっそく兵数百騎を派遣し、寺を守らせた。満済は管領にも通報。侍所の赤松満祐《みつすけ》の軍勢二百騎が駆けつけ、山科に陣取り、警備につき、おかげでことなく一揆は鎮定した。幕府が大軍を派遣したのは、京の内に波及することを恐れ、何が何でも山科で押さえ込もうとはかったからだろうが、幕府のすきをつくように、時を経ず、洛中で一揆が起こり、さらに洛外にも波及、空前の大一揆となった。

「徳政」とは、「人民に恩徳を施す政治。すなわち、租税を免じて大赦を行い、物を賜うなどの仁政」（『広辞苑』）のことだが、ここにいう徳政は少しちがう。鎌倉時代末期に、幕府が武士の困窮を救うため、質入れの土地、質物を無償で持ち主に返す制度を導入、武士以外のものも同じ恩恵に浴することを望むが、要求は容易にはかなえられず、集団の力で質券を奪い返す動きが活発化するようになり、これを「徳政一揆」とよびならわしていた。正長の土一揆はこの徳政一揆だった。

なぜこの徳政一揆が起こったのか。たしかなことは知れないが、この年は、前年から天候が不順で、作物の出来が悪かったうえ、三日病という得体の知れない悪疫がはやり、餓死、病死する者が多く、社会不安が生じていたということで、それも一因となったことはまちがいなかろう。

そして、一揆に加わったのは、山科にかぎっていえば、醍醐の「地下人」だった。この語は一般に「殿上人」の対語で昇殿を許されない下位の官人を指し、転じて「平民」、つまり〝土地の民衆、農民〟を意味する。ここでは、近江の馬借に呼応したということで、馬借だったとみるむきがあるが、それには疑義がある。この一揆の目的は質券を破棄することで、参加者は醍醐三宝院の債務者だったはず。馬借が寺から金を借りるだろうか。いや、借りられただろうか。大寺の醍醐寺が馬借に金を貸したとは思えない。その詮索はとりあえずお預けにして、一揆の張本人とされた「近江の馬借」のことをみておくことにしよう。

『日本の歴史』がいうように、「物資の運送にあたる馬方」にちがいないが、さらに詳しくいえば、民間の運送業者で、律令制下の駅伝制がすたれる一方、中世に発達した荘園制とからみ、急成長をとげた。おのずと交通の要衝が拠点となり、都へ搬入する東国の物資の集積地だった近江の坂本、大津が、主要な馬借の集合地として、室町時代初期に成立したとされる往来物のひとつ、『庭訓往来』に名を挙げられている。

鎌倉時代に成立した『石山寺縁起絵巻』には二カ所に彼らが描かれ、ひとつは「大津の浦」、もうひとつは「逢坂の関屋」の場で、いずれでも複数の馬方が一団となって、背の両脇に一個ずつ、計二個の米俵を積んだ駄馬を追っている。牛車を使えば一台でもっと大量の荷を運べるのに、なぜ駄馬なのか。平安時代の都では、牛車はもっぱら貴人の乗物だった。絵巻成立の頃でも、荷役の牛車はまだ存在しなかったのか、と思ったら、石山寺の建設現場では、牛車が材木や土を運ぶのに使われている。なぜそれを利用しないのか。

近江から京に至るために越えなければならない、逢坂山と東山はまだ道路の整備が進まず、牛車は使えなかった。馬一頭の背に米二俵、というのも、それが限度だったようだ。この効率の悪さをおぎなうためにとられたのが人海戦術だった。坂本、大津の馬借は集団行動をとり、団結力もあった。一揆を起こすのに必要な要素をはからずも備えていったことになる。

馬借は身分の低い賤民で、貧しかったろうから、〝徳政〟はもとより願うところ。それに馬を扱い、生来、気性が荒い。方々をめぐり歩き、行動力もある。おのずと世情に通じ、世間の不満、怒りに共鳴、過激な行動に走ることは容易に考えられる。そんなところに馬借が一揆の急先鋒だった、とみられる理由が

大津の馬借『石山寺縁起絵巻』

ありそうだ。

ところで、昭和の山科にも馬借がいた。筆者が子供の頃、まだ一軒残っていた。おそらく最後のひとりだったろう。旧山科警察署の近く、渋谷街道の南に、二頭の馬を飼った家が一軒ぽつんとあって、時折、馬方が馬に荷車を引かせて通りを歩いていた。荷台に荷があった記憶がなく、もうほとんど仕事がなかったのだろう。まもなく姿を消した。

知る人はほとんどないが、山科の馬借はもともと、近江の馬借と連係していた。それを明かす史料が、前出『山科郷竹ヶ鼻村史』に載る、「沢野井家文書」から引いた、元亀二年（一五七一）作成の「山科七郷馬借安堵状」で、往古より、山科郷を通過する荷物の運搬は、山科郷の人夫、牛馬による習いだったのが、久しく守られなくなっていた。それをこのとき、幕府奉行人が七郷の馬借独占権を安堵したもので、近江から京に運びこまれる物資の運送は、元来、大津~追分間を大津の馬借が、そこから先を山科の馬借が担当していたことになる。両者は一体で、近江の馬借が一揆を起こせば、当然、山科の馬借もそれにならう。

そのことは『史料 京都の歴史』収載の「往還馬継之儀」についての「大宅村差出明細書」（一七四四

「沢野井家文書」所収）でもたしかめられる。大宅村は、もともと、「人馬立替所」だったところで、元亀～天正年間（一五七〇～九二）に馬継ぎがおこなわれていた記録があるが、今は存在せず、いつ廃止になったかも不明、とある。加えて、大宅村だけでなく、他郷にも牛馬を使って、大津宿で諸荷物運搬にたずさわる者がいる、と述べ、山科の馬借は大津に出稼ぎに出ていた。従来、「坂本の馬借」、「山科の馬借」と、別々に扱っているが、実態は一体だった。

四宮廻地蔵の境内の井戸に記された「丸に通」のマーク

山科の「人馬立替所」はどこにあったのか。明言できないが、察するに、旧東海道沿いの四宮廻地蔵（徳林庵）のあたりだろう。寺脇の辻は、山科の交通の要となっていた。境内に文政四年（一八二一）設置の井戸と手水鉢があり、前者に「京都大阪名古屋金沢奥州上州宰領中」、後者に「順番定飛脚宰領中」の記文がある。当地の水の利用、管理は、右に名の挙がった国々の飛脚がおこなう、というのであろう。奥州、上州が山科とどうむすびつくのかわからない。見逃せないのは、井戸の東面に刻まれた「丸《まる》に通《つう》」のマーク。これはわが国最大手の運送会社のなじみの商標で、その根源をたどれば、ここに行きつきそうだ。

「四宮河原地蔵」のことは『宇治拾遺物語』に語られており、

先に紹介ずみだが、その書き出しは「四の宮川原といふ所にて、袖比べといふ、あき人あつまる所あり」で、「袖くらべ」は商人の取引法の一種。商人がここに集まってきたのは、ここが商品の集積地だったからである。今もこの寺の夏の縁日には、全国から集まってくる露天商が街道筋に無数の夜店を並べ、大いににぎわう。

さて、その馬借が発端といわれる「正長の土一揆」から十三年後の嘉吉元年（一四四一）、ふたたび大規模な一揆が発生（嘉吉の土一揆）。今回もまず近江からはじまったようだが、前回のように、連鎖反応的に諸国に波及はしなかった。この年の九月頃から、京都近辺の土民がぞくぞくと、京に通じる道の「口」に結集し、その後、各々が要所要所の社寺仏閣に陣取り、そこを拠点にして、連日、徳政をもとめて市内で暴れまわり、要求が聞き入れられないと、火を放った。この時、山科の民がどう動いたのか、『山科家礼記』のこの年次が欠如していてわからない。

享徳三年（一四五四）に起こった一揆（享徳の土一揆）では、東福寺が、近接する「法性寺大路」（伏見を経て南都に至る大和大路）に新関を設け、関銭を徴収するということに猛反対した「山科・醍醐の地下人」両者が一丸となって抗議し、廃止に追い込んでいる（『師郷記』）。ここにいう「関」は、通行税を徴収する目的の関所で、関銭徴収が死活問題になるのは馬借だから、この「地下人」の正体は「馬借」だった――とみたいところだが、そうだろうか。

「地下人」の用例としては、『山科家礼記』では、幕府奉行が山科家の家司、大沢久守にあてた奉書の宛名を「山科内大宅里地下人」としている例がいくつかあり、「地下人」が必ずしも一般にいう土着の民衆や農民を意味しないことがわかる。「土一揆」というので、つい参加者は「土民」と思いがちだが、注意を要する。寛正三年（一四六二）にも京都で一揆（寛正の土一揆）があり、その張本人は「山科郷竹鼻中同彦三朗、同井本等」で、十二月二十六日付けで闕所《けっしょ》（土地、財産の没収）になったことが『山科家礼記』に出ている。何者か知れないが、名前からみて、馬借でも、農民でもない。そもそも、馬借や農民は没収されるような土地、財産などもっていない。仮にもっていても、闕所《けっしょ》でなく、打ち首になるのがオチだろう。

長禄の土一揆にも山科七郷の郷民が加わっている。長禄の土一揆の発端は、長禄元年（一四五七）八月、河内国の土民が新関を破壊したことだった。その数六百十六。信じがたいが、『山科家礼記』にも、同年十二月二十九日条に、八幡神人が「内蔵寮河上関」の「本関九十六、残三百余関」を破壊したことが記されていて、内蔵寮の長官が山科家だから、身内の事件であり、この数字は信じてよいだろう。

河内で起こったこの土一揆は、十月に京都に伝播した。『山科家礼記』十月二十五日条に、「今夜下辺（下京）徳政とて、以外、物騒候也」とある。その直前の二十一日条に、唐突に、「山科庄に徳政を禁ず」とあり、これは、一揆が波状的に広がるのをみて、京へ伝播するのも時間の問題とみた山科家が、嘉吉の徳政一揆の二の舞を踏むまい、と、暴徒の懐柔策として、早々と、独自に徳政をおこなおうとして、弾圧をはかった幕府から横やりが入った、ということなのであろう。

十一月一日条には、「今日より徳政とて、京中質をとり候也」とあって、一揆の要求に屈した幕府が、徳政をおこなうことにしたようだが、必ずしもそうではなかった。徳政をしなければ、怒れる民が蜂起し、金融業者である土倉を襲い、破壊、放火をおこなうし、徳政をすれば、収入をなくした土倉は、幕府が財源としてきた「土倉（課）役」を払えず、結果として、幕府が困る。そこで幕府は、債権額、債務額の五分の一、ないしは十分の一の「分一銭《ぶいちせん》」を幕府に納入することを条件に、債権の確認、または債務の破棄を認めることにした。建前は徳政禁止なので、これを「分一徳政」とよんでいる。幕府はこれでちゃっかりと稼ぐつもりだったが、土民の多くは集団で金融業者を襲い、結局、質券を奪い返したので、幕府の思惑通りには収益は上がらなかった。そこで長禄三年（一四五九）、幕府はとつぜん、京の七口に関所を設け、関銭の徴収をはじめる。新関開設を禁じてきた幕府にあるまじき行為だが、一応、名目が伊勢神宮造営料で、しかも新関と引き換えに、乱立した私設関所を撤廃したので、歓迎した人もいたようだ。

その後、応仁の乱がはじまり、文明九年（一四七七）にほぼ終結。乱の後、都は焦土と化していた。旧秩序は崩壊、経済は疲弊し、新体制に向けて下剋上の世となる。そんな世情の中で、復興費目あての新関ラッシュが再発した。その一端が『山科家礼記』でうかがえる。

文明九年十一月十九日、山科七郷の寄合があり、追分の神無森に郷中関を設置することを決定。関銭配分を郷中三分の二、久守三分の一と決めている。これが山科家の了解のもとにおこなわれている。かつて東福寺が新関を設けたとき、流通の邪魔、と強硬に反対、廃止に追い込んだことなど毛頭おぼえがないといわんばかりだ。

実は、十七日には「足軽粉河四郎左衛門」なる者が、「渋谷峠の枝関」と称して大塚に関を立てている。

この「足軽」は名前からみて、いわゆる〝地下人〟とよばれる者ではない。「山科郷士」でもない。察するに、応仁の乱で足軽を率いて暴れまわったリーダー格の「無法者」らしい。山科七郷はこの新関に反対せず、追従した。

十二月に入ると、粟津商人がさっそく関銭免除を申し入れてきた。粟津商人は近江の粟津（現大津市）に居住し、「粟津供御人《くごにん》」とよばれるのは、もと朝廷の内膳司《ないぜんし》（天皇の食膳材料を調達する役所）に属したからで、室町時代中期に、内膳司の機能が御厨子所に吸収され、御厨子所別当を兼ねていた山科家の支配下に入り、山科家に公事銭と称する座役を納入して、専売権、自由通行権を保護された、とされているから、それは、この頃のことであろう。

同月十七日条に、「七郷内商売人」に、札面に「山科者」と書いた商売札五百四十枚近くを発行したことが述べられており、札数の多さからみて、筆者自身は「七郷の商人」でなく、「七郷を通過する商人」、つまり、粟津供御人を指すのではないか、と疑うが、その是非はともかく、札は座別でなく、郷別に配分されており、これによって山科家の七郷支配がいっそう強化され、確立された、ということはいえよう。

さて、同月十八日条には、「安祥寺に今日御料所とて関立候。枝関在之」とあって、建てたのは幕府だった。「御料所」とあるだけで、用途が明らかでない。

同じ日、坂本今道に新関ができ、往還が止まったことが記され、設置者は表記されていないが、やはり幕府だろう。「坂本今道」だが、山科家の家司、大沢久守が直前に「今道越で坂本下向」しており、彼が坂本におもむいたのは、山科家の当主言国が、この頃まだ応仁の乱をのがれて坂本に避難していたからで、洛中にいた久守の通った道——それは今日の「山中越えの道」である。坂本の馬借が利用した道で、幕府がここに関銭徴収目的の関所を設けたのは理にかなう。

そして二十日、幕府は山科家に、山科の御陵《みささぎ》（地名）に「内裏修理料関」を設けることを通知、七郷の神無森郷中関の即刻停止を命じてきた。翌日、七郷は寄合い、郷中関の廃止を決め、関銭の配当をおこなった。

二十二日には、「今日より京への路、大津よりとゞめ候也。新関ゆへ」とある。だれが、何の目的で設けた関か、表記されていないが、とにかく、都の生命線である街道が、新関の設置で閉鎖される事態になっている。

『山科家礼記』は文明十年（一四七八、最初の山城土一揆が起こった年）の記録を欠いていて、この後の情報が得られないが、日本史年表を見ると、この年、年明け早々、朝廷が内裏修理のため、京都七口に関所を設置。八月に幕府はそれを廃止して、再設置。幕府の財源とするためだった。それに対し、山城国人が関所の撤去を求めて、道路を塞ぐ行動に出た。その結末は不明。

文明十二年、幕府はふたたび京都七口（東三条口、伏見口、鳥羽口、七条丹波口、長坂口、鞍馬口、大原口）に新しく関を設けた（『大乗院寺社雑事記』）。それが火種となって、九月をピークとする徳政一揆（二回目の山城土一揆）が京都に起こる。それについて、『史料綜覧』が諸史料を集約して、次のように述べる。「幕府、内裏修理ノ為、京都七口に関を設クルヲ以テ、土民蜂起シ、徳政ト号シテ、店舗ヲ劫《オビヤカ》シ、財貨ヲ奪イ、京都騒擾《ソウジョウ》ス」。『山科家礼記』は採用されていないが、関連記事を載せており、それを見ると山科の動向は、一見、不可解だ。

まず八月二十九日の条。幕府から「山科家雑掌」に、京都西郊の西岡郷で徳政土一揆の企てが発覚、同調しないように、と警告してくる。九月十二日、西岡衆蜂起。それを知って、二日後、「山科家警護を増す」。暴徒に襲われるのをおそれてのこと――と思われるところだが、十四日条は「七郷の土一揆」を伝える。その前後の記事を見ると、九月十六日、「京都土一揆質物を取る」。十八日、山科家の弥五郎なる者が先に京都で四貫百文の質物を「十分一」にて受け取ったことを話す。それに煽られたように、同夜、「七郷の土一揆」が決まっている。その記述につづいて、「今度の京の大将はキンヤの又と申候もの」とあって、七郷の民がこの者に荷担したようにとれるが、「キンヤの又」はその名からして下衆の者で、そんな人物に従って、公家の山科家配下の者である七郷の民が非合法の土一揆を実行したとは考えにくい。「七郷の土一揆」は「キンヤの又」の土一揆とは別、とみるべきだ。ただ、二十一日条に、「今日七郷々民京より帰陣」とあり、郷民が市内に出かけ、何かしたことはたしかだ。

話が前後するが、二十日条に、山科言国が上洛したことが載っている。行を改めて、「さいりん《西林》庵へ五百文かりに、十分一に京へ上」と記され、主語は言国だろう。「十分一」は先にふれた「分一徳政」にからむことばで、「分一銭」を払えば、債権の確認、債務の破棄ができる制度で、言国も、土一揆を起こしたといわれる七郷の徒も、その手続きをした――ということではないか。

この年、文明十二年（一四八〇）九月の徳政一揆については、大乗院尋尊の次のような見立てがある。幕府が七口関を設け、関銭を徴収したことから、土民が徳政を要求。幕府は徳政令を出した。しかし、実は徳政でなく、幕府――というより、足利義政の正室で、当時実質的に幕府権力を掌握していた日野富子が蓄財家で、分一銭を得ようと、領主に「分一徳政」を強要。しかもその収益は内裏の修理に使われず、人々の反発を買い、土一揆が起こった、というのである。

幕府の七口関ができるまでは、山科家管轄の内蔵寮率分関は洛中の四カ所――長坂口、西口、南口、辰巳口にあった。丹波にぬける道の長坂口（北丹波口、清蔵口とも）は幕府に横領されて、七口関のひとつになっている。他の三口も同様かもしれない。どうあれ、旧内蔵寮率分関である山科四宮河原関は、応仁の乱の際、東軍の将、細川勝元から忠節の褒賞として山科家に授与されている。言国はその所有権を安堵してもらうために、幕府に「分一銭」税を払ったのではなかったか。

なお、九月二十九日、七郷の民は野村に寄合い、「徳政事郷中入め《目》さん《算》用」をおこなった。徳政事で郷にかかった費用の決算をすませたということで、山科七郷に関するかぎりでは、これで一件落着した。

ところで、いったん収まった九月の徳政一揆は、十月に再発。その一揆は、京都関所の撤廃を目指したもので、一揆の徒は関所に通じる道を塞いだ。その事態に山科七郷は十日に寄り合って協議、「南口、西東口、新関七口」を防ぐことにした。十一日条はその補足記事で、原文をそのまま引く。「七口禁裏御しゅりの御関上候とて口々とめ候。七郷にも用意候。これは四宮川原関はあけ候。若地下のろうぜき候はばとて用意候也」。よくわからないが、七郷の郷民も関包囲に参加したが、地元の四宮川原関は、土民の便宜を配慮し、開けたままにした、というのであろう。右に述べたように、「天領の民」が暴徒と行動をともにすることはない。七郷の民の任務は、関を打ち破るために近辺を包囲しようとする土一揆を払うことであった――と筆者は考える。真相の究明は後学にゆずるが、一方にはこんな説もある。

世情が緊迫していた十月九日、将軍足利義政から山科家に、東山山荘に植える庭木をもとめてきたので、銘木を選ぶために「河原者」をつかわした。結局、山科七郷のほとんどの郷から、総計六十三本の庭木を得、二貫五百文が支払われた。この一事だけでも、義政がいかに浪費家で、民政にかまわなかったかがわかる。同時に、山科七郷はこの臨時収入で懐がうるおっており、土一揆を企てるにはおよばなかった、とみることができよう。

十月三十日、今度は後土御門天皇から山科七郷に、禁裏普請のために人夫百人を提供するようにいってくる。これに対して七郷は、禁裏普請役は先規がなく、しかも諸臨時役がうちつづき迷惑、と難をしめしたが、結局、今回だけは、と引き受け、七十人の人夫をつかわした。「天領の民」を自負する山科郷士の面目躍如だ。

第七章　山科にかかわる人々

二十二　山科本願寺の蓮如

「本願寺」は親鸞を宗祖とする浄土真宗の本山で、親鸞の死後、文永九年（一二七二）に京都東山大谷に御影堂を建てたのにはじまり、江戸時代はじめに東西に分裂、現在、京都市の都心に東本願寺、西本願寺の大寺院が建つ。その本願寺が、一時、山科にあった。建てたのは本願寺の中興の祖とされる、本願寺第八世の蓮如上人だった。

後年、東西両派は山科本願寺ゆかりの地に競って別院を建てる。竹鼻街道をはさんで東側に西本願寺が建てた別院舞楽寺を、地元では「西御坊」とよび、西側に東本願寺が建てた別院長福寺を「東御坊」とよびならわしているので、まぎらわしい。

二つの「御坊《ごぼう》さん」の中間―筆者の母校、山階小学校の北隣―に蓮如上人の御廟所がある。木立の中にひっそりとたたずみ、あってなきがごとき存在で、知る人は少なく、筆者自身、久しく、上人の御廟とは知らずにいた。

かつては、その向かいに、上人の銅像が、野ざらしで建っていた。土台だけで高さ三メートルほどあるノッポの像で、こちらはよく目立ったが、第二次大戦末期のある日、この像がこつぜんと消えた。軍需品である金物が不足し、政府が民間に供出を要請、それに応えたものだった。戦後も復興はならず、今も土台だけが残る。それさえも民家に取りかこまれ、探さないと見つからない。

西御坊の裏口からは、東に向かって直線の小道が農地の中に延びていた。行き着く先は小さな森で、そこに蓮如の子で、第九世の実如と、第十世証如の墓がある。その小道を横切る形で、新幹線と五条バイパス（国道一号）、それに外環状線ができ、参道は消えた。墓は残るが、爾来、一度も訪れていないので、墓参の道筋がわからない。ちなみに、五条バイパスと外環状線の交差点が、交通標識になっている「東野交差点」で、そばに地下鉄東西線「東野駅」の出入り口がある。山科は蓮如上人のゆかりの地だが、その足跡はだんだんと薄れつつある。

宗祖親鸞については、筆者はてっきり、山科の出、と思い込み、それを誇りにしていた。南山科の日野に法界寺という寺があり、そこに「親鸞の誕生院」なるものがあるからだが、改めて寺の説明書を読むと、建造者は西本願寺第十八世の文如で、親鸞が日野有範《ありのり》の子という伝により、日野家の本拠地、日野に、宗祖の遺跡として建てたとされるが、近年の研究では、親鸞の父母がだれかは実際のところわからないらしい。ということで、筆者の誇りはあえなく失せた。

それはともかく、親鸞は九歳のとき、比叡山に登り、二十年の修行を終えたあと、山を離れ、専修念仏を説く法然の門下に入る。その教説の基になったのは、末法思想だった。仏教では、この世は釈迦の入滅後、正法、像法、末法の三時世を経過して衰微するとされ、わが国では永承七年（一〇五二）に末法の時代に入るとされた。事実、この頃から末法を思わせる社会現象が続出し、自然災害が起こって、社会不安が生じていた。その中で救済を模索する宗教家が輩出する。そのひとりが法然で、浄土宗を開いた。衆生の救済を本願とした仏が阿弥陀仏で、極楽往生を願うなら、この仏にただひたすらすがるしかなく、そのためにはこの仏を常に念じ、その名を唱えよ、と説いた。これを「専修念仏」という。この「ただひたすら――」を「一向に」というので、世間では、その後、親鸞が広めた浄土真宗を一般的に「一向宗」とも称する。

それまでの仏教といえば、仏教を学問として修めるか、加持祈祷によって王侯貴族の現世利益の願いをかなえるかで、大衆の救済は等閑にされていた。そこに凡夫の救済をはかる浄土宗や浄土真宗が生まれ、民衆に受けたことで、その勢力は急速に拡張。それに危機感を抱いたのが旧来の仏教側で、弾圧をかけ、結局、承元元年（一二〇七）、朝廷は専修念仏を禁止、法然は土佐に、親鸞は越後に流された。

四年後、遠流《おんる》をとかれた親鸞は京都にもどらず、しばらく越後にとどまった後、常陸国稲田に移住、京都にもどってくるのは二十年後のことで、すでに六十の坂を越えていた。それから三十年間、京住まいするものの、もっぱら著述に専念。弘長二年（一二六二）、三条富小路の善法坊で、九十歳で入滅した。その御影を納める堂を、文永九年（一二七二）、末子の覚信尼が東山大谷に設け、これが本願寺の起こりとなる。

やはりどうみても、親鸞と山科の接点はとぼしいが、ひとつ書きとどめておくことがある。京都市役所編『京都名勝誌』（昭和三年）によると、建暦元年（一二一一）、流罪赦免された親鸞は、翌年、恩赦を謝し、山科に一寺を創立、順徳天皇から「興隆正法寺」の号を賜り、略して「興正寺」と称した。「これ真宗根本の道場なり」とある。そして第七世了源の世である元応二年（一三二〇）、寺地は東山山麓の渋谷に移され、「佛光寺」と名を変えた。当地で大いに栄え、真宗の本山、本願寺をしのぐほどの勢力をもつようになり、本願寺中興の祖で第八世本願寺法主蓮如は、佛光寺派との抗争に苦慮することになる。なお、佛光寺は洛中東山に移ったが、天正十四年（一五八六）に秀吉がその場所に方広寺を建てることになり、下京区の現在地に移された。門前の通りを「仏光寺通り」という。

蓮如が法主の座についた頃、真宗は大谷の本願寺派、下野の専修寺派、それに佛光寺派などに分裂しており、中でも最も不振だったのが本願寺派で、蓮如に課せられたことは、自派の立て直しだった。時代は荘園制度が体をなさなくなりはじめていた頃で、易しいことばで教えを広める蓮如は、下層社会の圧倒的な支持を得る。しかし、そうした流れに危惧を抱く比叡天台により、寛正六年（一四六五）、東山大谷の本願寺が焼き討ちにあい、蓮如は堅田へ逃げ込んだ。堅田には浄土真宗の本福寺が創建されており、やがて臨済宗になっていたが、その後の法主が浄土真宗に復帰して本願寺に属し、蓮如から篤い信頼を受けていた。

堅田は琵琶湖の最狭部の西側――今日の琵琶湖大橋の西詰――にあり、西近江路、湖上交通、漁業の中心で、堅田衆は身分の高い地侍の殿原《とのはら》衆と、平民階級の農民、漁夫、船乗り、商工業者らの全人《まろうど》衆から成り、両者が結束、町は泉州堺と並ぶ中世の新しい自治都市であり、商業都市だった。そして、延暦寺のおひざもとであった。蓮如は、その地でもまた布教活動を展開していったのである。それでは延暦寺がだまっているはずがなく、応仁二年（一四六八）、世にいう「堅田の大責」が起こった。しばらく大津にとどまった蓮如だったが、文明三年（一四七一）、拠点を越前吉崎に移した。当地での活動は着実に成果を上げていく。

蓮如関連所

蓮如が親鸞と異なるのは、組織づくりに秀でていたことで、信徒を講組織でまとめていく。教団は一大勢力となり、その結果、戦国時代という特殊な時代の中で、蓮如の意に反し、かつ、彼の手をはなれ、集団戦力となり、領主層と対立を深めていく。そして長享二年（一四八八）、加賀の門徒は守護富樫《とがし》政親を倒し、領国を支配。「加賀の一向一揆」の名を後世に残す。

それより早く、文明七年（一四七五）、領主層との対立を危惧した蓮如が、吉崎を離れ、いったん河内出口に移った後、山科にきて、本願寺を建てたのは文明十二年のことだった。

本願寺が山科に設けられたのは、蓮如に帰依《きえ》した山科の海老名五郎左衛門が土地を寄進したからで、前出『山科郷村々御家人郷士名前帳』に、「東野村の海老名八右衛門」の名がみえるから、海老名家は東野にあったようだ。五郎左衛門は蓮如の法弟となり、蓮如から与えられた西宗寺の住職となった。寺は西野広見町に現存する。

さて、その山科本願寺だが、蓮如のもとに各地から信徒が参集。加えて、信徒の生活を支える商人、職人なども集まり住み、寺のまわりに広大な寺町――寺内町《じないちょう》とよぶ――が形成され、盛時には南北一キロ、東西〇・八キロ、約八十ヘクタールもあったという。今の山科中央公園あたりから五条バイパスの南におよぶものだった。多くの反勢力をかかえ、自衛のために周囲に堀と土塁を張りめぐらしたので、まさに中世の環濠都市の様相を呈し、公家の鷲尾隆康は日記『二水記《にすいき》』に「寺中広大無辺にして、荘厳さながら仏国の如し」と書き記したものだ。

その「仏国」は半世紀しかもたなかった。蓮如の孫の第十世証如の代の天文元年（一五三二）八月のこと。一向宗の軍団化を危惧した山城の守護細川晴元は、姻戚で、日頃から近江門徒に悩まされていた六角定頼に命じ、当時、一向宗とはげしく対立していた法華宗徒（日蓮宗信徒）を大動員して、山科本願寺を攻撃させた。火を放たれた「仏国」は、寺だけでなく、民家も一軒残さずに焼け落ちた。

焼け出された信徒は大阪に移り、あらたに石山本願寺を建立し、ここを拠点に活動を再開、しかし、一大勢力に発展したところで、天下統一を目指す織田信長と対立し、石山合戦となる。十一年つづいた争いは、結局、和睦で終わり、本願寺は紀州鷺の森に退転した。その跡地に豊臣秀吉が築いた城が大阪城である。天正十九年（一五九一）、その秀吉が本願寺に寺地を寄進。寺は現在地に移った。

文禄元年（一五九二）、第十一世顕如が亡くなると、後継者をめぐって内紛が起こり、慶長七年（一六〇二）、本願寺は東西に分裂した。分裂の原因は定かでない。前掲『京都名勝誌』は、本願寺の勢力をはばかった家康が、勢力を割くべく、第十二世准如の長兄、教如のために、別に一寺を創立したことによるとしている。これを東本願寺と称し、もとの本願寺を西本願寺と称し、今に至る。

なお、晩年の蓮如上人だが、延徳元年（一四八九）、本願寺法主の公職をはなれ、山科本願寺の南殿

西宗寺境内の蓮如上人銅像

蓮如上人廟

に隠居した。その南殿は、戦国の兵火により山科本願寺とともに焼失することとなったが、天文五年（一五三六）に故地に光称寺の名で再建され、後年、光照寺と改称。東西山科御坊の東方、音羽伊勢宿町に今も存在する。境内に幼稚園があって園児送迎のマイクロバスが、日々、町中を走りまわり、土地の人なら「南殿幼稚園」の名は知っていようが、その所在地や由縁を知る人は少なかろう。筆者も近所に住んでいながら、なじみが薄い。

さて、隠居から七年後、大坂の石山の地に御坊が完成。蓮如はそちらに移る。はじめは当地を終焉の地と決めていたが、次第に老衰が進み、明応八年（一四九九）二月二十日、急きょ、山科にもどり、三月二十五日、海老名氏ゆかりの西宗寺で亡くなった。その門前に「蓮如上人御往生之地」の石碑が建つ。

山科本願寺は、地上から姿を消すも、地中に遺構を残す。平成九年、住宅建設にともなう発掘調査で、寺内町の姿が浮かび上がり、「環濠城塞都市」であることが確認された。これに興味を抱いたのは考古学者だけでなく、史学者や、都市・城塞に関心をもつ者、浄土真宗にかかわりをもつ者などが結集、研究会を立ち上げた。そして成果を本にしたのが『戦国の寺・城・まち―山科本願寺と寺内町―』（法蔵館・平成十年）で、一読をおすすめする。実は私事だが、平成十二年に、五条バイパスの南で、民家の建て替えにともなう発掘がおこなわれた際、筆者も作業員の資格で参加。小規模の発掘だったが、土塁の一部を掘り当てた。調査員の見立てでは、南限の土塁だろう、ということだった。過去の調査や、文献資料をもとに、寺内町の構造は、それなりに推定されてはいるようだ。山科中央公園の東北角にちょっとした小山があって、子供の遊び場になっているが、これも現在残る土塁跡のひとつだ。

また山階小学校には運動場が二つあって、「上の運動場」と「下の運動場」の間に段差がある。昔はその場所に木造校舎があり、その下を通る二カ所のトンネルをくぐって二つの運動場を行き来していた。運動会のときには、次の番の組が「上の運動場」でひかえ、出番になると、トンネルを通って、さっそうと登場。サッカー試合の選手登場のようで、かっこうがよかった。思えば変わったつくりの運動場だが、久しく気にもとめないでいた。実は、これもかつての土塁の跡で、その保存をはかった結果、できたのが二つの運動場だった。

山階小学校の西、西宗寺の近くにある小藪は、そこも盛り土で、やはり土塁だ。平成二十四年、その近くで遺跡発掘がおこなわれ、石風呂遺構が見つかった。場所が寺内町の中核である「御本寺」であることから、蓮如上人もその湯を使われたのでは、ということで、新聞でも大きく報道された。現地説明会に顔出ししたら、数百人の見学者が集まり、その関心の強さにおどろいたことである。

発掘はまだつづく。山科本願寺の全貌が明らかになるときがくるかもしれない。

二十三 『方丈記』の鴨長明

ゆく河の流れは絶《た》えずして、しかも、もとの水にあらず、淀《よど》みに浮かぶうたかたは、
かつ消え、かつ結びて、久しくとどまりたる例《ため》なし。世中にある人と栖《すみか》とまたかくのごとし。

周知の通り、鴨長明の『方丈記』の冒頭で、無常観を映した、格調高い文章は、古来、多くの読者の心をとらえてきた。

その成立だが、奥書に「建暦のふたとせ……桑門《そうもん》の蓮胤《れんいん》、外山《とやま》の庵にして、これをしるす」とあり、外山は、先に名前の出た日野の法界寺のすぐ北の地で、今に「醍醐外山《そとやま》街道町」の名を残す。日野も外山も、現在は「伏見区」だが、かつての「南山科」の地で、つまり、名著『方丈記』は山科で生まれたものである。

長明はこれを建暦二年（一二一二）に書き上げた。外山に移って五年、と本文にあり、外山には、「六十《むそじ》の露消えがたに及びて、更に末葉の宿りを結」ぶべく、大原から移り住んだことになっており、六十五歳のときの作品ということになる。「古希」までにまだ五年を残すが、「人生七十古来稀」なので、壮健なうちに、自分史を書き残そうとしたのでは――。

著者名は「桑門の蓮胤」と法名になっている。鴨家は代々京都鴨神社の氏人で、父は下鴨神社の禰宜《ねぎ》

だった。長明もゆくゆくは父の後を継ぐはずだったろう。ところが、出家し、大原、外山に隠棲。一体、何があったのか。

境遇の変化は、長明が二十歳の頃、父が亡くなったことによる。若い彼に神官職はまわってこず、結果として、生活は苦しくなり、住みなれた家を手放し、新しい家を建てる。先の家の「十分の一」の大きさで、門をかまえる資力なし――と『方丈記』は記し、この時点で、すでに挫折感をあじわっている。その家は「河原近く」にあった。「加茂の河原」といえば、いわゆる「河原者」とよばれた賤者のたまり場で、その近くに身を定めることは、それまでそれなりにめぐまれた生活を送ってきた長明には、相当にこたえただろうと察せられる。

しかし、それが動機で出家したとは考えにくい。彼には歌、管弦の才があり、その道で頭角を現し、四十七歳のときには、後鳥羽院によって再興された和歌所の寄人に加えられている。後鳥羽院に目をかけられていたといわれ、いうなれば、「盛者」だ。

そこへ起こったのが、河合社の禰宜騒動だった。元久元年（一二〇四）のこと、河合社の禰宜のポストが空き、後鳥羽院が長明を補任しようとされていることをもれ聞いて、長明がすっかりその気になっていたところ、下鴨神社の惣官の祐兼が反対し、彼の夢はやぶれた。これが単なるぬかよろこびですまされなかったのは、祐兼が長明と同族の者で、しかも問題の職に、自分の子をつけたからだった。そのショックは大きく、落胆と失望、人間不信から、厭世観を抱くに至ったとしてもおかしくない。建長四年（一二五二）成立の説話集『十訓抄』に、関連記事が載る。「近い世の事」とことわって、下鴨神社の氏人の、菊太夫長明なる者が、神官の職につくことを願ってかなわず、世をはかなんで出家、のち洛北の大原に隠棲した、と述べている。当時、そんな風評が流れたらしい。裏を返せば、そんな風評が流れるほど、長明は著名人だったことになる。

この一件が出家の動機だったことはまちがいないが、それだけではなかったろう。長明が生きた時代は、親鸞のそれとほぼ重なる。つまり、世はまさに末世の様相を呈しており、社会不安が満ちていた。「敗者」となった長明があらためて世を見直すと、混沌状態だ。彼は『方丈記』に、彼が経験した歴史事象――大火、辻風、福原遷都、飢饉、疫病、大地震を列挙し、世の有為転変ぶりを語る。彼が無常を感じたことはまちがいない。残された道は「遁世」しかなかった。

以上ははしがき。実は、長明が『方丈記』を書いた〝方丈庵〟の所在地が定かでなく、本章の眼目はその解明にある。通説では、日野の方丈石をそれとする。だが、それでは『方丈記』の描写と合致しない。その点を早くに指摘したのは、『山州名跡志』の作者、釈白慧《しゃくはくえい》で、自分ではわからず、「後人考えるべし」と書いたが、管見によれば、これに応じた人が見当たらない。ここは地元に住む筆者の出番となる。

方丈石は親鸞の誕生地とされる日野の法界寺の裏山にある。寺の西辻に、日野自治会が建てた「鴨長明方丈石　是より約一〇〇〇M」の道しるべがあり、そのあとにも道程表示があり、迷うことはない。ただし、はじめは車道だが、船尾で山路となり、日野山を水源とする合場《あいば》川でできた沢道なので、きわめて急で、けわしい。なお、手前二百五十メートルほどのところで道が分かれ、「右　長明方丈石みち」、「左　供水みち」の石の道標が建つ。後者は供水峠越えで炭山、笠取に出る道で、西国三十三所の三室戸寺、上醍醐寺、岩間寺、石山寺などにも通じる。長明が、気が向けば、峰つづきで「炭山を越え、笠取を過ぎて、或いは石間《いわま》にまうで、或いは石山ををがむ」といっているのは、この道のことで、方丈庵はこの巡礼道沿いか、その近くにあったようだ。

さて、道標に従って、右の道をとって進むと、眼前に巨大な岩が現れる。これが俗にいう「方丈石」で、背後に、明和九年（一七七二）に岩垣某氏が建立したという「長明方丈石」の石碑が建つ。そばに山城ライオンズクラブが建てた「方丈の庵跡」の碑も建つ。しかし、この巨岩の上に庵を建てるのは無理。といって、見まわしても、他に家を建てるほどの平坦な空間はない。それに、木立ちが陽光をさえぎり、昼日中でも薄暗く、人の住める環境ではない。もっとも、長明が隠棲していたのは八百年も前のことで、自然環境が当時のままであるはずがなく、この点は度外視するとして、『方丈記』には、「朝には、岡の屋にゆきかふ船をながめ」とあり、庵から宇治川を航行する船が見えたとするものの、当地は谷間で、視界はほぼゼロに近い。「うららかな日には峰にのぼり、木幡山、伏見の里、鳥羽、羽束師《はづかし》を見る」とあるので、峰に登ってみることにしたが、峰に出る道が見当たらず、見晴らしも、いっこうによくならなくて、あきらめて引き上げた。途中に祠があり、涸れた滝に不動明王が祀られ、まわりに少なからぬ石仏がちらばっていたから、古い修験道の行場だろう。方丈石の前の山

日野の方丈石碑

道は行者が往来した道にちがいない。行者はあえて険路を選ぶ。

また、方丈庵の麓には「山守」が住んでいたのだが、その十歳の童が長明になつき、よくひとりで遊びにきていた。つれづれの折には、長明はその子をつれてあちこち歩きまわっている。方丈石のある場所は、そんな幼い子がひとりで遊びにくるようなところではない。その一事をもってしても、方丈庵が方丈石の場に なかったことは明らかだろう。

日野の萱尾神社

それにしても、「山守」とされた童の父は何者か。「山守」は〝山を守る者〟だが、このあたりの山で守るべきものといえば、日野の「方丈石」しか考えられない。それを守るというのなら、方丈石はただの石でなく、神石であろう。

実は、法界寺の裏手に、日野の産土神で、法界寺の鎮守とされてきた萱尾《かやお》神社があり、按ずるに、方丈石はこの神の依代であろう。山科には巨石信仰があった。先にみたように、山科神社でも、岩屋神社でも、神の依代として巨岩を祀り、奥の院としている。日野の萱尾神社の祭祀も同然だったとみたい。石の大きさは三メートル四方ぐらいで、土地では古くから「方丈石」とよんでおり、そこに鴨長明がやってきて、近くに方丈の庵をむすび、『方丈記』を著したので、両者が混同された——というのが真相に近そうだ。

日野法界寺の位置から、右に方丈石、左に重衡塚（○印）

しかし、方丈石が神石であれば、その周辺は神域で、庵など建てられたはずがない。方丈庵の場所は別の地にもとめなければならない。さいわい、遺跡を明かす資料がある。室町時代の連歌師宗長の著『宗長手記』で、大永六年（一五二六）に方丈庵跡を訪れたときの紀行文が同書に収まる。師匠からたびたび日野のことを聞かされていたので、百聞は一見にしかず、と訪れることにしたもので、朝、伏見を出発、宇治、木幡の里を過ぎ、「日野七仏薬師」の門前に出た。これは日野法界寺のことであるが、本堂の本尊が薬師如来なので、通称を「日野薬師」という。

門前から「鴨長明閑居の旧跡」、「重衡卿笠やどりの跡」に向かう途中、まわりの荒廃ぶりをみて、「むかしおぼゆる心ち」した、という。法界寺は応仁の乱で本堂と阿弥陀堂を残して焼失している。多くの堂塔が建ち並んだ昔日の壮観を想像し、感無量だったようだ。ここで注目されるのは、宗長は方丈石に出る山道でなく、かつて伽藍が建ち並んでいた法界寺の境内らしいところを歩んでいる。

そのあと、二つの遺跡の名を挙げ、「泪こぼれはべる」と記す。しかし、鴨長明に思いをはせ、涙するいわれはなく、涙したのは重衡の墓前だったろう。重衡とは先述の、平家の大将、平重衡で、一の谷の戦いで敗れ、捕らわれて鎌倉に送られ、頼朝の厚遇を受けるも、南都大衆から先の南都焼き討ちの責を問われ、奈良に送られる途中、木津で斬首された。その直前、日野にいた北の方と最後の別れをしており、先に挙げた「笠やどりの跡」の「笠やどり」は、〝つかの間の宿り〟のことである。ここで重衡と北の方はつかの間の対面をした。その地に重衡の墓が設けられ、爾来、彼の死を悼む人々が、恒例の行事として重衡忌をおこなってきた。

重衡塚は今も外山街道町にある。法界寺と一言寺のちょうど中間で、近年手を入れたらしく、児童公園とみまがう敷地に、「従三位平重衡卿墓」と記した石碑が建ち、横に京都市が作成した新しい石の説明板が置かれている。重衡忌には今も土地の人がお参りしており、重衡塚の所在地は今も昔と変わっていないようだ。鴨長明の方丈庵はその近辺にあった――。

この話につづいて、『宗長手記』は唐突に、「九山八海といふ石、浅茅の中にあり」と記す。これが「方丈石」であろう。「ききしよりは

平重衡の墓

見るはとも言ふべし」と述べ、宗長は方丈石を訪れたようだが、鴨長明にはふれず、長明の遺跡とはみていないようだ。それでも訪問先に入っているので、日野の名所だったことになる。

日野は、山科と宇治をつなぐ奈良街道からかなり東に入り、『史料 京都の歴史』は、「合場川と日野川のつくる谷筋的な地域に形成された集落」としている。その谷筋に沿って、古くから道ができていた。前に取り上げた「越の道」がこれらしく、木幡から、日野、石田を経て、醍醐で奈良街道につながったようだ。もしそうだとすれば、かつて木幡に関所があったこと、藤原家の分家である日野家が日野にあり、藤原家の墓がこのあたりに集中していることが、納得できる。天穂日命の社が石田の〝森町〟になく、不思議に思っていたが、街道の道筋が変わり、現在地に移転したと考えれば腑に落ちる。

外山街道町の「街道」は、この旧北陸道を指す。「外山」については、『拾遺都名所図会』が、方丈石のある地とし、長明自身が、『方丈記』は外山で仕上げた、と明言するので、方丈石のあるところに長明の閑居があったことにされたが、「外山」は〝日野山の外の山〟の意である。推測にすぎないが、かつては日野の北部丘陵地一帯をいったのではないだろうか。高台は今は新興住宅街と化し、民家が密集し、見晴らしがきかなくなっているが、元来、眺望のよいところで、ひと昔前なら眼下に宇治川が見えたはず。この点でも『方丈記』と話が合致する。

もう一言述べておきたいことがある。長明は隠棲の地として、大原と日野を選んだ。大原は洛北、日野は洛南の地で、ひどくかけ離れている。なぜ大原と日野なのか。先学はこの点について、まったく意に介していないようだが、筆者としてはいささか気にかかる。

大原といえば、安徳天皇の母で、壇ノ浦で天皇と入水したものの、助けられて出家した建礼門院が住んだ寂光院が思い出される。その建礼門院には阿波内侍《あわのないじ》という女房がいた。後白河上皇の近臣として知られる藤原通憲《みちのり》（信西《しんぜい》）の娘で、母が上皇の乳母だった。『平家物語』の「大原御幸」に、上皇が大原に建礼門院を訪れた際、阿波内侍にばったり出会うという感激の再会場面がある。長明の存命中には、『平家物語』は成立していないが、長明は、当然、上皇の大原行幸のことを聞き知っていたろう。そして、阿波内侍のことも。

さて、その阿波内侍がいかなる縁があってのことか、後年、山科の日野に一寺を創建した。前に挙げた「一言寺」（金剛王院）がそれ。現在の住所は「伏見区醍醐一言寺裏町」だが、「外山街道町」に近く、かつてはこのあたりも「外山」だったのではないか。それはともかく、長明の方丈庵は一言寺の門前にあった可能性が強い。なぜなら大原と外山は、阿波内侍を介してつながっている。

二十四　大石内蔵助の山科閑居

住まいをたずねられて、山科、と答えると、決まったように、「大石内蔵助《くらのすけ》の隠棲地ですね」と返ってくる。大方の人にとって山科は、大石内蔵助こと大石良雄が討ち入り前に一時身を寄せたところに外ならないのであろう。

時は元禄十四年（一七〇一）三月十四日、播州赤穂藩主浅野内匠頭長矩《たくみのかみながのり》が、江戸城本丸御殿で吉良《きら》上野介義央《こうずけのすけよしひさ》に刀傷を負わせて切腹を命ぜられ、封地は取りつぶしになった。家老の内蔵助は主家の再興をはかり、仕官の道をたって山科に移る。しかし、再興はならず、復讐を決める。翌年の十二月十四日、同志の赤穂浪士とともに合わせて四十七人で、江戸の吉良邸に討ち入り、義央の首《しるし》を挙げ、本懐をとげた義士は切腹し、果てた。この歴史的事件を題材にしたのが、二代目竹田出雲、三好松洛、並木千柳の合作、寛延元年（一七四八）に初演された人形浄瑠璃『仮名手本忠臣蔵』で、これが大当たり、歌舞伎にもなって、今日まで繰り返し上演されてきた。

内蔵助が隠棲した山科の住まいが、『仮名手本忠臣蔵』九段目に現れる「山科閑居」で、仇討ちを決意した内蔵助は、世間の目をあざむくために、たびたび閑居を出て、都の遊里で豪遊。七段目の「祇園一力茶屋」の段では、内蔵助その人である主人公の由良助が祇園の一力亭で派手に遊ぶさまを描く。これがひとつの見せ場となって、山科の名が売れた。

さて、その内蔵助の「山科閑居」だが、かつてのありかが定かでない。西野山に内蔵助を祭神とする大石神社があり、これがそれ、と思っている人もいるようだが、当社は昭和十年に、内蔵助の義挙を顕彰するために、当時の浪曲界の重鎮だった吉田大和之丞を中心に、全国の崇敬者によって創建されたもので、新しい。

大石神社

竹村俊則『新撰京都名所図会』（白川書院・昭和三十八年）は、「大石良雄宅跡は岩屋寺の境内とつたえる」としている。岩屋寺は大石神社の少し南、先に話題にした山科神社（旧名 西岩屋大明神）に隣接する寺で、岩屋神社の神宮寺とされてきた。たしかに境内の一画に、安永四年（一七七五）建立の、円柱の石碑が建ち、「大石良雄遺髪之塚」とされているものの、碑文の冒頭に、「これ赤穂候重臣大石良雄の仮居するところなり」（原漢文）と記されていて、内蔵助の山科閑居跡をしめすための石碑と知れる。

一方、天明七年（一七八七）に成立した『拾遺都名所図会』には、大石屋敷は「岩屋明神の鳥居のまへ、北側、藪の内にあり」とあって、「山科大石古蹟図」に、鳥居の外に置かれた、岩屋寺の石碑と同じ円柱の碑が描かれていて、碑文も同じ。したがって、同一物と断定できる。ところが、なんと図には岩屋寺が見当たらない。石碑が建てられた時点で、岩屋寺は存在しなかった。

　岩屋寺の歴史はよくわからない。参考になるのは、明治十六年に京都府が作成した『宇治郡寺院明細書』に載る、岩屋寺住職が自ら用意した上申書（『史料京都の歴史』所収）で、往古は真言宗だったが、寛喜（一二二九～三二）の頃、雑密《ぞうみつ》の道場となり、堂舎は明暦元年（一六五五）に再営。爾来、年を積んで衰微したので、文化年間（一八〇四～一八）に再興し、その際、曹洞宗に改宗した。江州の天寧寺の道鳴和尚を招いて開祖としたので、今も天寧寺の末寺になっている。この時、仏堂、什器など、一新しなかったものはない由だ。

　つまるところ、件の石碑が建てられた時には岩屋寺はなく、石碑の建立者は同寺ではなかった。碑文には建立者として、武府（江戸）の有志三人の名が挙がり、

西岩屋大明神と大石古蹟

個人の顕彰碑だった。建てられたのは岩屋寺の境内でなく、廃寺跡の空き地で、後年、そのそばに岩屋寺ができた、というわけである。

ここでさらに考えるべきことがある。内蔵助が山科に住んだのは元禄十四年（一七〇一）六月から翌年十二月までのことで、石碑が建てられた安永四年といえば、それから七十年以上もたつ。「山科閑居」の旧跡は既に不明になっていたのではないか。だからこそ、あらためて記念碑が設けられたのではなかったか。

遺髪塚

ちなみに、木像堂には四十七義士の像があるが、岩屋寺住職の上申書には、西ノ宮の社人大石長太夫の所持品だったもので、由来は不明。嘉永四年（一八五一）、椰宮の社司某が譲り受けて、岩屋寺に寄付したものとされている。岩屋寺の宝物になったのは、それほど古いことではない。

寺の石碑が「大石良雄遺髪之塚」とされているのも問題がある。内蔵助の遺髪塚は山科毘沙門堂の門前の瑞光院にある。もと堀川通鞍馬口にあったが、昭和三十七年に現在地に移されてきた。故あって赤穂藩主浅野内匠頭長矩が当院の檀越《だんおつ》だったことから、長矩が切腹すると、内蔵助らが長矩の衣冠を院内に埋めて供養。内蔵助が仇討ちを果たし、切腹すると、当院主が江戸に駆けつけて遺髪を引き取り、当院の境内に埋め、四十六義士の姓を記した塔を、長矩の塔の脇に建て、供養したものである。『京都名勝誌』にそう書かれている。

内蔵助と岩屋寺とのつながりだが、仇討ちに成功しても、切腹は覚悟のうえのことだったから、彼は直後に山科の宅地、田地を整理し、当時はまだ存在した岩屋寺に寄付した。岩屋寺の本尊は不動明王で、真言行者の保護者とされる仏である。恐ろしい形相で、威力の象徴である倶利伽羅剣《くりから》を手にし、俗に降魔の仏とされ、内蔵助が念持仏としていた、と伝えられる。彼は日々、この仏に大願成就を祈願していた由で、それは本当だったのであろう。所有地を岩屋寺に寄進したのはそのお礼ではなかったか。当然、寺もそれに応えて、境内に卒塔婆でも建てて、供養したであろう。そんなことから、岩屋寺は内蔵助ゆかりの寺とされてきたようだ。

そもそも、内蔵助はなぜ隠棲地として山科を選んだのか。彼は主君の不祥事直後に、身近な者に、閑居地探しを依頼し、候補地として石清水八幡か大山崎のあたり、あるいは山科、伏見、大津を挙げていたという。いずれも交通の要衝で、世間の動向を知り、同志と連絡を取るためには、交通、流通の要衝であることは必須の条件だった。結果的には山科に決まったが、理由は、進藤源四郎という人物の介在があったから。彼の妻が内蔵助の妻の姉で、親戚であるだけでなく、内蔵助と同じく、赤穂藩に仕え、しかも山科に土地をもっていた。

山科の西野山は、進藤家の本貫ともいえるところで、前出の『山科郷村々御家人郷士名前帳』には、西野山の郷士として「進藤」姓が五軒載り、そのひとり進藤伊予(守)の肩書きは「岩屋大明神神主」となっている。岩屋大明神は近世には「山科一の宮西岩屋大明神」で、明治維新後に「山科神社」と改名したが、もともと「山科神社」であり、格式の高い式内社だった。その祭礼である山科祭には勅使が立ったもので、内蔵助をかくまうぐらいの権威はあったろう。

『名前帳』では、「山科家の御家人郷士」と冠されているが、討ち入りのあった元禄には、山科家の山科領はすでに皇室の御料地になっていた。山科の住民は天皇の臣下ということになるわけで、山科のことは、幕府といえども、容易には手が出せなかった――のではないか。

ちなみに、大石神社の現在の神主も進藤氏で、社前に立派な構えの進藤家の屋敷がある。このあたり一円が、かつては進藤家の領地だったようで、内蔵助の閑居はこのあたりにあった、とみてよかろう。ただ、正確にどこかとなると、やはり不明というしかない。

大石神社の東には、山科から京に出る滑石《すべりいし》街道が走る。祇園の花街へ遊びに出る内蔵助はこの道をとった、と思われるところだが、山科と京都をつなぐ道としては東海道をはじめ、渋谷街道、大岩街道などもあり、いずれも東山の低い鞍部を通るのに対し、滑石街道は東山の峰をまたぎ、道はけわしく、道のりも長い。しかも出るのは今熊野で、そこから祇園まで、まだかなりある。内蔵助がおしのびで祇園に通ったのなら、おあつらえむきの道といえるが、実際は、仇討ちの意図がないことを示すために打った芝居だから、観客は多いほどよい。内蔵助は本当に滑石街道を利用したのか、かねがね疑問に思っていたが、今回、その疑念が解けた。祇園の一力茶屋で遊んだのは、『仮名手本忠臣蔵』の主人公、由良助で、内蔵助はもっぱら伏見の撞木《しゅもく》町の遊郭にかよっていた。橘南谿《たちばななんけい》の『北窓瑣談《ほくそうさだん》』(文化初年)に「伏見撞木町の青楼は、大石内蔵助山科に在りし頃、折々行通ひし所なり」と述べられている。ここなら大岩街道をとって楽に行ける。

余談だが、赤穂浪士の討ち入りの日である十二月十四日、山科では「山科義士まつり」がおこなわれる。先に出した「山科祭」とは当然何の関係もない。昭和四十九年に、町の活性化をはかって、商店街主導ではじまった。四十七義士に扮した義士行列が、山科の北の毘沙門堂を出発し、瑞光院を経て、街中央の外環状通りを南に下り、岩屋寺経由で大石神社まで練り歩く。新しい企画が次々と加わり、今では山科の祭りとして定着。けっこう盛況のようだ。

二十五　小町と蝉丸

小野小町と蝉丸はいずれも実在した有名歌人ながら、多分に伝説的で、その伝説においては山科と接点をもつ。謡曲のテーマとなっていることも同じ。そこで、ここでまとめて話題にする。

まずは小野小町。生没年、身元ともに不詳。『群書類従』所収の「小野氏系図」では、小野篁《おののたかむら》（八〇二～五二）の孫で、父は出羽守良眞となっている。これをどこまで信じてよいものか。篁は平安時代前期の学者のほまれが高く、それだけに、小町の祖父とするのは付会説くさい。一方、良眞はまったくの無名。小町の歌に東北を詠んだものがあり、東北ですごした経験があるようで、父が出羽守とされていることと話は合うが、確証はない。

随心院

「小野」という地名は全国に散在し、各地で小町伝説が生まれている。その中でとりわけ人口に膾炙しているのが、山科の小野の随心院に住む小野小町のところに、深草に住む少将が九十九夜かよいつめ、最後の夜に吹雪にあって行き倒れた、という悲恋物語、「深草少将の百《もも》夜《よ》通《がよ》い」で、これを実話ととる人はいないだろうが、物語が生まれる素地はないのだろうか。

深草少将の邸宅跡とされるのは伏見区西桝屋街の欣浄寺で、当寺と随心院とは大岩街道でほぼ一直線にむすばれていて、往来は可能だ。

小町は仁明朝（八三三～八五〇）の宮廷サロンで活躍した更衣《こうい》（後宮の女官）だったとみられており、その仁明天皇の

随心院の小町歌碑

墓は、この街道の深草の入口近くにあって、「深草陵」とよばれている。なぜ、御陵が深草にあるのか知れないが、それなりの理由があるのだろう。それなら小町も深草と無縁ではなさそうだ。

仁明天皇と山科のかかわりをみれば、女御の藤原順子が安祥寺を創建。第四皇子の人康《さねやす》親王が四ノ宮に山荘をかまえていた。東海道の交通の要衝のひとつ、「四宮河原」の「四宮」の名は親王にちなむというので、京地誌がこぞって、「仁明天皇第四皇子人康親王隠棲跡」を紹介、裏付けとして、『伊勢物語』七十八段に載る親王の山荘の記事を引く。

天安二年（八五八）十一月十四日に亡くなった文徳天皇の女御、藤原多賀幾子《たかきこ》の四十九日の法会が安祥寺でおこなわれ、それに参列した右大将藤原常行《つねゆき》が帰りに親王の山荘を訪れると、邸内には山より滝水を落とし、やり水を流すなど、趣向がこらされていたさまが述べられている。山荘は現存しないが、今に「四ノ宮泉水町」の名を残す。

人康親王が山科に住んでおられたことはたしかだが、なぜ、山科に〝隠棲〟されたのかについて述べたものが、ほとんど見当たらない。『京都府山科町誌』は、一説として、親王は天安二年、御歳二十八のとき、眼病をわずらい、盲人になられ、貞観十四年（八七二）に薨ぜられると、御霊に「天夜尊《あまよのみこと》」の神号を奉じ、社を「四宮」と号した。里老に聞くと、親王は深く琵琶を好まれ、その技は妙絶をきわめた。よって、盲人の琵琶を弾ずるものはすべて親王をもって元祖となし、徳川時代に入って、盲人の取締りであった検校が、毎年、四宮地蔵につどい、親王の墓前でその技を演じ、奉納した——といわれる、と記している。しかし、世俗、「蝉丸祠」とよぶ、とも述べ、蝉丸伝説と混同されていたようだ。

人康親王が盲目だったことを証する史料はない。『日本三代実録』の貞観元年（八五九）五月七日条に、人康親王が熱病をわずらい、薬石効なく、官職を辞し、出家入道されたことが述べられているが、盲目とは書かれていない。はじめは上総守で、出家時は弾正尹《だんじょうのかみ》と常盤守を兼ねており、その役職から察しても、盲人だったとは思えない。この時の熱病で失明したことは考えられなくもないが、亡くなられたとき、それを報ずる記事も、そのことにはふれていない。

なお、『拾遺都名所図会』は「四宮河原」の説明で、「仁明帝第四宮の旧蹟なるゆゑ此名あり」としたうえ、小野小町の私家集である『小町集』に載る歌「今朝よりはかなしのみやの山風やまた逢坂もあらしと思へは」を引く。この歌には「四のみこのうせたまへるつとめて風ふくに」（四の宮がなくなられた翌朝、風が吹いて）という詞書がつき、歌中の「かなしのみや」に、「悲しみ」と「四宮」がかかり、愛する「四の宮」の死を悼んで詠んだ歌と知れる。この「四の宮」がだれか特定できないが、歌中に「山」、「逢う」のことばがあり、逢坂山の近くに住んでいた人物とみられ、第「四」皇子人康親王のこととみてよいのではないか。小町と親王の仲は、小町の周辺では知られており、そこから深草少将の「百夜通い」の伝説が生まれたのであろう。小町の歌に「みちのく」「むさし」を詠んだ歌がいくつかあるのも、そこにいたか、行ったかしてなくとも、人康親王との仲を考えれば、うなずける。

小町伝説のひとつに、小町は長生きし、晩年には老いさらばえた姿で放浪した、とするものがある。小町伝説を広めたのは謡曲で、「関寺小町」「通小町」「鸚鵡小町」「卒都婆小町」「雨乞小町」「清水小町」「草子洗小町」を「七小町」といい、大半が落魄の小町を登場させる。「通小町」の小町は、八瀬で修行中の僧のもとに、毎日、薪や木の実をとどける姥、「関寺小町」では、近江の関寺の近くの庵に住む百歳を超えた姥で、「鸚鵡小町」でも、近江の関寺あたりをさすらう百歳の姥とされている。

小町百歳話の出所は、山科大谷の月心寺にある小町像だろう。『東海道名所図会』に「走井の百歳堂」として載り、「厨子に小野小町百歳の像を安んず」とあって、「坐像一尺」、「運慶の作」となっている。これがもともと小町像だったとは思えない。寺にあることを考えると、三途の川のたもとにいて、亡者の衣をはぎ取るという「奪衣婆《だつえば》」とみたほうがよさそうだ。しかしこれを、若いときに奔放に生きた美女で、才女と知られる小町の後年の像とみたのが謡曲の作者だった。そして、それは万民に受けた。

小町髑髏《どくろ》譚まである。鎌倉時代初期に成立した、源顕兼編

謡曲「関寺小町図」

の説話集『古事談』に、六歌仙のひとり、在原業平が奥州八十島に宿した夜、野中に、「秋風の吹くたびごとに、あなめ、あなめ」と唱う声がきこえ、翌朝見ると、ひとつの髑髏があった。小野小町が当地を訪れ、ここで亡くなった、という人があり、憐れんで、「小野とはいはじススキ生えけり」という下詞をつけて葬った、という。歌の意味が判然としないが、諸書に引用され、出処を大江匡房の『江家次第』とするが、探しても見当たらない。見落としかもしれないが、同書は宮中儀式の解説書で、説話を載せる余地はなく、仮に載っているとすれば、後世の加筆だろう。

蝉丸は、『後撰和歌集』に載る、逢坂の関を詠んだ「これやこの——」の歌の作者として知られる。その詞書に、「あふ坂の関に庵をつくりて住み侍りけるに、行きかふ人をみて」とあり、彼が逢坂の関の近くに住んでいたことはたしかだが、関が逢坂山の峠になかったことは、すでに考証した。俗に盲目の琵琶法師とするが、その庵から街道を往来する人々をみて詠んだとするから、「目暗《めくら》」でなく、「目明《めあ》き」だったことになる。

「蝉丸図」

蝉丸のことは、『今昔物語集』巻二十四の二十三話「源博雅《ひろまさ》朝臣、会坂の盲のもとに行きたる語《こと》」に出ている。博雅は醍醐天皇の孫で、管絃の道にすぐれ、琵琶もよくした。逢坂の関に琵琶の上手な盲人がいると聞き、庵に三年かよって、秘曲「流泉」と「啄木」を伝授された、という話である。同話が、大江匡房の談話を藤原実兼が筆録した『江談抄』にも載り、博雅が師事したのは「会坂の目暗」とするだけなのに対し、『今昔物語集』は、その名を蝉丸といい、「敦実ト申ケル式部卿ノ宮ノ雑色」と、一歩ふみこんでいる。敦実は醍醐天皇の父、宇多天皇の第八王子だから、博雅は彼の又従兄弟にあたる。敦実も琵琶の達人で、蝉丸は年来、その曲をかたわらで聞き、琵琶の道を極めたが、盲目になって、逢坂山に隠居することになり、生前に芸技をだれかに伝えたい、と願っていたところに登場したのが博雅だった——と、話をひとひねりして、物語的になっている。

また『平家物語』「海道下」には、平家の滅亡後、捕らわれた大将、平重衡が四宮河原にさしかかり、関の庵で蝉丸がかなでる琵琶曲を三年間立ち聞きして習得した源博雅の故事を思い浮かべ、感慨無量となるという件《くだり》に出てくる。その蝉丸は「延喜第四の皇子」とされている。「四宮河原」のかかりからまず連想するのは、仁明天皇の第四皇子の人康親王だが、「延喜帝（醍醐天皇）」の名が出てくるのは、この天皇が「山科帝」と称されるほどに、山科と縁が深いからだろう。

謡曲「蝉丸」はこれを伝習。「醍醐天皇の第四皇子蝉丸の宮」は幼少より「目暗」で、悲しい生活をおくっていたが、帝が逢坂山に捨てさせ、出家させた。蝉丸はただひとつもち出した琵琶を弾いて、なぐさめとする。あわれんだ博雅は藁屋を用意し、かさねて見舞うことを約束したが、去った後に再登場することはない。博雅の琵琶習得も話題にならない。そんなところに、前世の因果で髪が逆さまに生え立った第三皇女、逆髪《さかがみ》が乱心状態で逢坂山にやってきて、蝉丸と邂逅。よろこび、かつ、不遇を嘆きあったが、結局、二人は別れる——という筋立てで、蝉丸の盲目を既成事実とした悲哀に満ちた物語である。ただし、博雅を登場させたことは、功を奏していない。

人康親王山荘跡

盲人といえば、按摩が代名詞のようになっているが、「盲人四官」といって、検校、別当、勾当、座頭の四級の官職があった。按摩、鍼灸などを業としたのは最下位の座頭で、「当道」なる互助組織をもっていたとされ、「天夜尊」を元祖として敬い、先にちらっとふれたように、一説に、それを人康親王のこととする。別説では、やはり盲目だった光孝天皇の皇子、「雨夜の御子」とする。大津の関蝉丸神社の説明では、冷泉天皇の頃、日本国中の音芸諸芸道の神に定められ、芸人は当社の免許を受けることになった由である。

人康親王を天夜尊とみる座頭は、年に一度、親王の旧跡である山科の四ノ宮につどい、親王をしのんで琵琶の腕を披露したとされるが、この辺のことについて筆者は自分で調べたことがなく、確たることは何もいえない。

第八章　山科つれづれ

二十六　山科の竹と左義長

かつての山科は竹藪が多かった。わが家の裏も竹藪で、狐狸の棲家となっていた。スズメもそこをねぐらにし、日暮れになると、どこからともなく集まってきて、いっとき、そのさえずりがかしましかった。様相が一変したのは、第二次大戦の末期に、食糧難の解消にと、竹藪を切り開いて耕地にしたからで、そのためスズメはねぐらを失った。ところが、もう十年以上も前になるだろうか、外環状線沿いの街路樹に、夕方、無数のスズメが集まってきて、大さわぎ。事情を知らない人は、何事?と、けげん顔だったが、昔のお宿を思い出したスズメが帰ってきたのだった。その後、ねぐらはムクドリに占拠され、そのムクドリも最近はあまり見かけない。

白熱電球の発明がエジソンによることは、多くの人が知るところ。だが、フィラメントに日本の竹が使われたことを知る人は少なかろう。実験中にフィラメントには竹が有効と知り、上質の竹をもとめて調査員を世界に派遣。京都にやってきた調査員が嵯峨と八幡の竹をすすめられ、最終的に、八幡の竹が選ばれることになったが、山科の竹も、八幡の竹も同じ竹。のみならず、山科の竹は「皇室御用達」。「天下一品」の声価が高いのに、推薦もれしたのは、エジソンの調査員に対応した者が、その事実を知らなかったからであろう。おかげで、「世界の名だたる山科の竹」の名誉を逸した。残念だ。

山科の竹は、宮中の恒例の正月行事であるサギチョウで用いられてきた。サギチョウの名は古記録に

「文政年中行事三毬打図」

頻出するが、左義長、三毬打、三毬杖、散鬼杖などと表記され、語源も、起源も、行事の内容、趣旨も判然としない。確たることは何も知れないまま、後学のために、筆者が知ることを書きとどめることにする。

サギチョウに関しては、『徒然草』百八十段に、「さぎちゃうは、正月に打ちたる毬杖《ぎっちょう》を、真言院より神泉苑へ出して、焼きあぐるなり」とあり、諸書がこれを引く。「毬杖」は平安時代にはやった、子供の正月の遊戯で、ゲートボールのように長柄の槌で毬《たま》を打つ。正月にかぎっておこなわれ、それなりの意味をもつ遊びだったのだろう。この遊具を三本組み合わせて焼いたので、「三毬杖」という――と、これまでいわれてきたが、宮中のサギチョウで焼いたのは竹で、それを用意したのが山科家だった。

禁中の日常を知る好史料に、『お湯殿の上の日記』がある。禁中のお湯殿のそばに侍した女官たちによる当直日誌で、天皇の日常が記されており、文明（一四六九〜八七）から江戸時代末期に至るまでが伝存。その文明十二年（一四八〇）正月十五日条に、清涼殿で「御三きっちゃう」が焚かれたことが出ている。十五年正月十四日条には、「くらの頭御三木ちゃうまいらす」、長享三年（一四八九）正月十四日条には、「山しなより三木ちゃうまいる」とあり、内蔵頭、つまり山科家がサギチョウ用の竹をとどけたことをいっている。この竹を翌日十五日に焼いた。

この点は、「山科家文書」によっても確認できる。早い時期のものでは、『教言《のりとき》卿記』の応永十五年（一四〇八）正月十四日条に、山科東庄から「三毬打竹三十本、分百二十本」がとどき、禁裏に進上したことがみえる。三十束の竹百二十本ということか。同夕、「先例により」、自宅で三毬打を焼いており、ということは必ずしも、宮中行事とはいえないことになる。

なお、文明十二年のサギチョウだが、権大納言中御門《なかみかど》宣胤《のぶたね》の『宣胤卿記』では、十五日でなく、十八日におこなわれている。「乱中乱後停止」の註があり、応仁の乱のために中断していた行事が久しぶりに再開されたことになる。他方、権大納言甘露寺《かんろじ》親長《ちかなが》の『親長卿記』は、乱後、天皇のご在所が狭くなったので中断、十三年正月十五日に再開された、と述べ、執行日にずれがあり、問題を残す。サギチョウは「宮中の恒例の年中行事」で、その意味を考えるうえで、おこなわれた日が重要だが、それが定まらない。

サギチョウの文献上の初見は、『弁内侍日記』の建長三年（一二五一）の正月条にあり、十五日におこなわれる「粥杖」の遊びの話の中に、十六日に「さき丁」が焼かれたことが出ている。それだけでは、何のことかわからない。それにつづく『花園天皇宸記』では、文保三年（一三一九）正月十五日に親王が寝殿南庭で「三及打」を焼き、元応三年（一三二一）正月十五日には、御所で「三及打」を焼いたことが記されている。元亨四年（一三二四）には、正月十四日に三及打。十五日に千秋万歳、十八日に三及打がおこなわれており、ますますわからない。とにかく、いずれも「如例」とされており、記録に載らなくても、すでに恒例の行事となっていたことになる。

サギチョウの竹の調達役は山科家が担った、と述べたが、実は、そうでもなかった。『言国《ときくに》卿記』文明七年（一四七五）正月十四日条は、山科家が「嘉例のサキウチャウ五本」を御所に献上したことを述べたあと、「勧修寺ヨリモ五本進上」と記す。『お湯殿の上の日記』にも、文明十五年（一四八三）に、「飛鳥井少将より御三毬打まいる」、十七年に「御三毬打、勧修寺」とある。長享二年（一四八八）に、「今年は加茂よりもまいる」、天文十二年（一五四三）には、「あなたこなたより年々のごとくまいる」（筆者書改）とあり、三毬打の献上者は次第に増えて行ったようだ。江戸時代初期の『後水尾院当時年中行事』に、近年、山科家が進上する三毬打は、当家が御領の代官をしたときよりの旧例で、今は廃れて、だれでも進上する、と記されていて、それが実情だったようだ。

時代は下り、『言緒《ときお》卿記』の慶長十七年（一六一二）正月条に、興味深い記事が載る。前年、御陽成天皇が退位。この年、御料地所代官も板倉勝重に代わったので、これまで山科家が、山科の大宅郷からとどけていたサギチョウの「二百八十本の竹」——前記より六十本増加——を、従来通り贈ってよいか、伝奏の勧修寺光豊に照会、了承された。そのとき、十八日の三毬打竹は、五本が深草から出るが、寸法は一尺二寸あるべきものが、近年は一尺足らずになっており、それでよいかともたずね、御所の庭が今は狭くなっており、小さいほど結構、との回答を得ている。それより二十四年早い天正十三年に言緒が贈った山科の竹は「細竹二百八十本」で、すでに細かった。

慶長十九年、言緒は、十八日の「大三毬打」に焼く深草の竹を、山科の竹に替えたい、と伝奏広橋大納言に申し出、許可された。その山科の竹の説明に、「シン竹二間、本取一間一尺、モトトリヨリ下三尺々半、足二間三ノ十一カケ」とあるが、これについては理解しかねる。サギチョウは室町時代には十五日と十八日の二度、おこなわれている。そのちがいもよくわからない。

江戸時代中期に篠崎維章が著した有職故実書『故実拾要』は、前者を「御吉書左義長」とよび、山科家が進上した「葉竹」を清涼殿の東庭に立て、天皇の書はじめである吉書を焼く行事とする。後者は「爆竹」と書いて、「サギチョウ」と読ませ、山科家進上の竹を清涼殿の南庭で焼く行事とし、そこまでは大差ないが、竹を焼くことに重点があり、竹が焼き上がる間、陰陽師の大黒太夫が囃した。

「爆竹」といえば、昔、中国では、元旦に青竹を焼いて、その破裂音で山中の悪気を払う風習があったと伝えられ、それにならった行事、と考えられなくはなく、筆者自身はこの説をとり、それなら山科の太い孟宗竹が最適、と思ってきたが、山科言緒が進上したのは「細竹」だった。『古事類苑』所収の「文政年中行事三毬打図」でも焼かれているのは細い葉竹で、枝に扇を取りつけた複数の竹の根元を藁でつつみ、それに火をつけて燃やしている。その前で大黒大夫が、孫悟空が手にする如意棒のような棒を肩にかつぎ、主上に向かって仁王立ちで語っているのは壽言《ほぎごと》らしく、それを楽人が伴奏する。そばに翁面《おきな》、媼面《おうな》をつけた舞人らしい人物がひかえる。楽人、舞人ともに赤熊《しゃぐま》をかぶり、なんとも芝居がかっている。『徒然草』が述べるサギチョウとはまるで異なる。

『徒然草』が語るサギチョウは、朝廷がおこなった修正会である御斎会《ごさいえ》を不満とした空海が、密教の真《しん》言陀羅尼《ごんだらに》の秘法でおこなった「御修法《みしほ》」である。密法の修法でかかせないのが護摩法だ。火を焚き、火中に物を投じて供養し、祈祷すれば、息災、増益などが得られるとされたもので、火祭りだった。この折、不用になった毬杖が焼かれてよく、燃やせば破裂音を発する青竹も、好ましい資材だったろう。

一方、「大三毬打」の囃子方をつとめた大黒太夫については、安倍晴明を祖とする宮廷陰陽師、土御門家の筆頭陰陽師と知れている（『京都御役所向大概覚書』）。同家が執行する宮中の正月行事である千《せん》秋万歳《ずまんざい》の囃子方として名の知れた人物だが、いつしかサギチョウにも顔出しするようになった。

千秋万歳のこともよく知れない。古代の宮中で、年始の祝詞を歌い、舞った踏歌《とうか》（「あればしり」とも）の遺風かとされ、後世の三河万歳などの源流となる。「千秋万歳」は「千年万年」のことで、名称から察すれば、天皇の長寿、皇祚長久を祈ったものであろう。土御門家が「大三毬打」を取りもったことは、慶長十九年正月十八日におこなわれたサギチョウの開催のふれが、土御門泰重の名で出されていることで知れる（『言緒卿記』）。深草の竹を山科の竹に替えたのは、この年のことである。

「吉書左義長」は正月十五日におこなわれた。つまり、小正月の行事だった。この日で年が改まり、くる年の安寧を祈る行事があってよく、事実、あった。まずは「御薪《みかまぎ》」の儀。王朝時代、年中の用料にあてるため、文武百官が宮内省に薪を献じたもの、とされているが、江戸時代には、武家では、割った薪に墨で線を引き、屋敷の門柱に立てかける習わしがあり、「御薪」も門松同様の「年木《としぎ》」、「幸木《さいぎ》」の類とみたい。これにつづくのが「もちがゆの節句」で、主水司《もいとりのつかさ》が七種粥を献上。「もちがゆ」は、「望月《もちづき》（陰暦十五日の満月）に食する粥」で、この日に七種粥を食せば、災禍が消滅すると信じられていた。粥を煮た薪を削って杖としたのが「粥杖」で、これで女の尻を打てば、男の子をはらむといわれ、女房社会では遊びとして人気があった。サギチョウは同じ日におこなわれた儀式で、やはり目的は除災だったのではないか。

右にみたサギチョウとは別系のサギチョウがあるので、それにもふれておく。室町幕府最盛期の一四一六～四八年の政治や、都の諸事象を詳細した日記、『看聞御記《かんもんぎょき》』の書き手として知られる、後崇《ごす》光院伏見宮貞成《こういんふしみのみやさだふさ》親王という人物がいる。栄仁親王の子で、称光天皇の後継者と目されると、さっさと剃髪。息子の彦仁親王が皇位について後花園天皇となり、本人は太上天皇の尊号を受け、上流社会の中で気ままに趣味の世界に生きた。好奇心の強い文化人だったので、伏見の御殿は当時の文化サロンとなっていた。貞成がとりわけ好んだのが、地下人が小正月の余興として、親王の御殿で催した「風流松拍《まつばやし》」で、ここでいう「風流」は「フウリュウ」でなく「フリュウ」で、趣向をこらした遊び――いろいろな仮装や、意匠の工夫をこらしたつくり物を指し、それに「拍《はやし》（囃子）」と舞が加わった。「伏見九郷」のうち、主な参加村は山村、石井、三木、船津で、各村が趣向を競い、優勝村には親王から褒賞が贈られた。

この折、「三毬打」がおこなわれる習いで、囃子方は「山村」だった。カッコづけにしたのは、風流をおこなった「山村」と、三毬打をおこなった「山村」は別らしく、後者は「山村木守」、あるいは単に「木守」とも記され、『看聞御記』の応永二十三年（一四一六）正月十五日条には、「山村、木守寺之人供行者等」の註がつく。木守寺のことは未詳。山村は伏見東部の、山科に隣接していた村で、応仁の乱で、山科七郷の郷士が共闘した「伏見槇島の郷士」とは、この山村の民ではなかったか、と疑う。そうでなくても、山村の木守寺が、山科家のサギチョウになじんでいてもおかしくなく、「大三毬打」で使われた「深草の竹」の献上者は木守寺だった可能性が強い。「木守」は後年、「風流松拍」の三毬打の献上者リストに名をつらねている。

当初、献上者は「前宰相、三位、重有朝臣」の三人だったが、永享四年（一四三二）に「木守」を含めて五人、竹十五本になり、同八年には十一人、二十五本に急増。十五日一日だけでは松拍と三毬打をすませられないというので、十八日にまわし、九年、十年も十八日におこなわれている。人気の理由は、三毬打が夜に設定され、火祭りとなったからのようだ。

「風流松拍」は大評判で、毎度、見物人が群集した。十八日の三毬打も同じ。必然的にこの火祭りは各地に拡散していく。サギチョウは今でも各地で習俗としておこなわれている。ただし、サギチョウの名でなく、「どんど」とよんでいるところが多い。囃子の中のことばに由来する、とされているが、定かでない。筆者が子供の頃は、焚き火をすることを、「どんどする」といっていた。

ちなみに、京都市営地下鉄東西線の「東野駅」からさほど遠くないところに、「左義長」という地名がある。地名の由来はわからない。

二十七　山科疏水

近年、京都の桜の名所として、山科の疏水（運河）の名が挙がる。平成二年に竣工百周年を迎えた琵琶湖疏水の一部で、山科を通過する区間を「山科疏水」とよぶ。琵琶湖疏水は、明治維新による東京遷都で衰退した京都に活力をよびもどそうと、当初は水運と水道用水の確保を主目的に、琵琶湖の水を京都まで引いた水路。その川辺に、日露戦争の戦勝記念として植えられた桜の木がやっと立派に育ち、花も見頃になった、ということであろう。鉄道の開通で、水運としての機能は早くに終わり、周辺は長らくさびれていたが、昭和四十年代に疏水の流れに沿って遊歩道が整備され、ジョギングを楽しむ人の姿も増え、山科疏水自体が生気を取りもどしたようだ。

山科に住んでいながら、筆者自身は疏水のことを、久しく、よく知らなかった。その存在を知ったのは、小学校の最初の遠足の折で、行く先の安祥寺跡の前を流れる水路が「疏水」だった。学校の裏手の安祥寺川に沿って山手に向かい、旧東海道線のガードをくぐり、さらに坂道を上って行くと、つきあたりが疏水で、橋を渡ると安祥寺跡に出る。高台で、眼下に山科盆地を一望に見わたせ、すばらしい眺望だった。他にひと気はなく、境内で心ゆくまで遊びまわり、帰ってきた。その後、泳ぎに行ったり、魚釣りをしたり、と遊び場にしてきたが、疏水の由来や用途などは知らずじまい。日頃飲んでいる水が疏水の水と知ったときには、おどろいた。実は、遠足に行った時分には、わが家にはまだ水道が通じてお

山科～蹴上間のトンネル

大津～山科間のトンネル

らず、深い井戸の水をモーターで汲み上げて使っていた。そのモーターの電気が疏水の水力で発電されていること、市電もその電気で走っていることなども、まったく知らなかった。家の近くの小川に魚がたくさんいたのも、疏水の水を引いていたからで、それらは琵琶湖の魚だった。考えてみれば、疏水がなければ、筆者が記憶する山科はない。

さて、その「疏水」だが、大津の取水口から、山科の二つのトンネルを経て、蹴上の浄水場、水力発電所に至る水路、と思っている人が多い。琵琶湖疏水はそれより長い。琵琶湖と大阪をむすぶ水運として立案されており、水路は蹴上からさらに延び、「鴨川運河」を介して伏見に達する。その先は淀川を利用した。

明治時代も後半になると、電力需要が増え、また飲料用としてさらに多くの水を求めて第二疏水を、第一疏水に沿ってつくることになり、明治四十一年に着工し、四年後に完成。同時に上水道が整備され、蹴上浄水場からの給水がはじまった。ただ、こちらは地下を走っており、一般の人の目にとまらないので、その流路を知る人はまれだろう。

昭和二年には松ヶ崎浄水場が新築された。そこへ水を送る水路は「分線」とよばれ、蹴上船溜（ダム）から南禅寺に向かい、境内をレンガ造りの美しい「水路閣」でまたぎ、すぐにトンネルに入ってしまうので、行く先を知らない人が多いが、若王子でトンネルを出、銀閣寺へと流れる。その流れに沿った遊歩道が、有名な「哲学の道」だ。

後年、山ノ内浄水場、新山科浄水場ができたが、筆者はこれまで縁がなく、名前を知るだけで、所在地も知らない。京都は市中に鴨（加茂）川が流れ、水は潤沢と思われそうだが、盆地で、水源が近いため、天候次第で水量が変わる。夏、日照りが少しつづくと干上がるし、大雨が降ると濁流となる。井戸ではよい飲み水は得られない。琵琶湖疏水は、今も京都の飲料水の大切な供給源となっている。

琵琶湖疏水をつくることになったのは、明治維新で都が東京に遷ったことがきっかけだった。遷都を悲しんだ、というより、憤まんやるかたなかったのが京都市民で、慰謝として、皇室から産業基金の名目で下賜された十万円―正確な額は未詳―を元手にした殖産勧業計画が打ち出された。具体的には、滋賀と京都の間に水運を開くことだった。「起工趣意書」には、それ以外に、灌漑用水、水道用水など、いろいろ挙げられているが、主眼が水運だったことはまちがいない。

すでにみたように、消費都市の京都には大量の物資が運びこまれねばならず、東北の物資や、近江の米などの多くは、琵琶湖の水運を利用して大津に集められ、そこから陸路で京都に運ばれてきたが、ネックになっていたのが逢坂と日ノ岡の峠越えで、それを解消すべく、古くからその開削が模索されてきた。しかし、技術的にも、資金面でも、なかなかめどが立たなかった。その念願の計画が、皮肉にも遷都のおかげで、日の目を見ることになる。

第三代京都府知事北垣国道は、着々とその建設計画を推し進めた。明治十八年に着工、二十三年に竣工式が行われた。欧米の土木技術に立脚した「お雇い外国人」によらず、日本人の手だけでこの途方もない難工事を五年で仕上げたのは、偉業といってよい。

開発計画をまかされたのは、工部大学校（現在の東京大学工学部の前身のひとつ）を卒業したばかりの、わずか二十三歳の田邉朔郎《たなべさくろう》だった——という点にも話題性がある。卒論のテーマが琵琶湖水運だったそうだが、即実用可能な論文だったのがすごいし、若い田邉に一任した北垣も太っ腹だ。

疏水の建造に反対がなかったわけではない。滋賀県では、疏水に水を取られて、湖水の水位が下がり、湖岸周辺の農作に被害が出ることを心配。逆に大阪では、淀川の水位が上がり、氾濫することをおそれた。山科では、北部の高所につくられる疏水の決壊をおそれ、猛反対したが、疏水の水を灌漑用に分けてもらえることになって、ほこをおさめた。琵琶湖疏水が単なる水運でなく、多目的の総合計画となっていたため、不満があっても、最終的には受け入れられたようだ。

大津の取水口から蹴上船溜まで延長、約八キロ。それを重機を用いず、手掘りしていくのだから大変。まず第一の難関が二千四百メートルもある第一トンネルの掘削だった。ただ、明治十三年に国鉄の逢坂山トンネルが完成しており、できない工事ではなかった。とはいえ、まだ電気はない。抗内は暗い。疏水の抗口は、車輌を通す一般のトンネルに比べると、狭く、天井も低く、外部の光が奥までとどかない。そのことに気づいたのは、学生のときにゴムボートで、安祥寺から蹴上の船溜まで流れ下ったときである。照明のないトンネル内はすぐに暗くなった。それでも入口が見えていたので、自分の位置を確認できたが、中央部で水路が「く」の字に折れ、入口も、出口も見えなくなって、方角が全くわからなくなって、あわてた。疏水工事で使えた照明具といえばカンテラぐらいで、その灯りは手元を照らすにすぎない。人夫たちは暗闇で働かせられていた――と思った。しかし、それは早計だった。やはり田邉はちゃんと対応策をもっていた。竪抗《たてこう》（シャフト）の使用で、何本も地上から井戸のように掘り下げ、それぞれの抗口からの掘り進み具合をチェックするとともに、掘り出した抗内の土石、わき水を外に運び出す。加えて、開いた抗口は、光を取り入れる役もする。それが一助となった。

疏水の目的が、ただ水を流すだけなら、まだ事は簡単。やっかいだったのは、用途に舟運もあったこと。つまり、京都まで物資を運んだ舟は、また大津までもどらなければならないことで、綱で引っぱって帰るが、そのためには水路の勾配がそれなりにゆるやかでなければならない。勾配が大きいと、水の流れが急になり、木造、平底の舟を、流れに逆らって引き上げることは不可能となる。

琵琶湖の水位は約八十五メートル。南禅寺船溜は四十五メートル。落差が大きすぎる。そこで田邉は、蹴上船溜を、琵琶湖水位との差、四メートルの場所に設けた。それで平均勾配は二千分の一となった。思えば、旧式水準器に頼って、八キロの長距離を、よくそんな微妙な勾配で掘り下げたものだ。

それほど苦労して掘ったものの、船頭にはきつかった。筆者の子供の頃には、まだ細々ながら舟運が残っており、舟を引き上げる船頭の姿がみられたが、引綱を肩に、背を弓なりにし、あえぎながら舟を引くさまは見るにしのびなかった。鉄道の開通で仕事がなくなったとき、さぞほっとしたことだろうが、同時に職を失ったということでもあり、その後、彼らはどうしたのだろう。

ところで、落差が三十六メートルの蹴上船溜と南禅寺船溜間の約六百メートルは陸路とするしかなく、物資の積み替えをさけるために田邉が考え出したのがインクラインで、両者の間の斜面に船を載せた台車を、ケーブルカーの要領で上下に運行させるというもの。最初の設計では、水車動力を用いることになっていたが、蹴上の水力発電所ができたので、電力使用に変更された。このインクラインの導入こそ、田邉の本当の手柄といえる。

また、この疏水工事には、千四百万個近いレンガが使われたという。そのためにレンガ製造所が日ノ岡につくられた。このあたりの旧名は「陶田里」で、上質の陶土がとれたところ。そんなことも田邉は知っていたのだろう。

レンガのことは知らないが、陶器を焼くには膨大な量の薪を要す。その点は、裏が山で問題なかろうと思ったが、実際は不足し、上賀茂の官林や、醍醐方面で伐り出した木を使った由で、その運送だけでも大変。この一事でもっても、いかに大事業であったかが知れる。

余談になるが、明治二十一年に、第一トンネル内で落盤事故があり、人夫六十五人が真っ暗な坑内にとじこめられ、全員救出までに、丸二日を要している。さいわい、人命に支障なく、なによりだったが、もし大惨事になっていたら、工事は中断ではすまず、中止になり、北垣知事、田邉技師の責任問題にまで進展していたかもしれない。それ以外にはこれといったこともなく琵琶湖疏水計画は終わり、計画通り、京都は復興を果たすことができた。――と書いたところで、事実はそうでなかったことを知った。京都教育サークルの会員の共同執筆による『疏水を拓いた人びと』（かもがわ出版・平成七年）は、琵琶湖疏水建設にはもろもろの問題があったことを指摘。労働は過酷で、十七人の犠牲者が出ている由。

また多数の囚人が重労働に駆り出されていたことを明かす。栄光の影には暗部がありそうだ。

二十八　ダンジョ水

治水の話が出たついでに、竹鼻の「ダンジョ水」にもふれておこう。山科の名物――というより、地元でも知る人は少なく、だからこそ、この場を借りて紹介することにする。

場所は山科駅の西の商店街の中。より詳しくいえば、京津国道（元の国道一号、現在の府道）から、竹鼻街道を南に百メートルほど下がったところで、そこに水がわき出ているところがあり、地元では「ダンジョ水」とよんでいる。文房具店の隣で、小学生のときに文房具を買いに行っては、ここで洗いものをする人の姿を見たものだ。中学生になると、足遠くなってしまったが、久しぶりにそばを通ると、〝井戸〟は枯渇し、見捨てられたようになっていた。ところが、本書の執筆のために、あらためて訪れてみると、保存会の手で復活され、すっかり模様替えし、水もこんこんとわき出て、流れていた。片隅には「洗

い仏　浄行菩薩」の石像が安置され、ありがたい功徳が述べられている。だが、手元の仏像辞典にはその名がなく、正規の仏尊ではなさそうだ。

ところで、壁に、平成九年に保存会の手になる説明版がかかっており、要領よく説明されているので、そのまま、ここに引用させてもらうことにする。

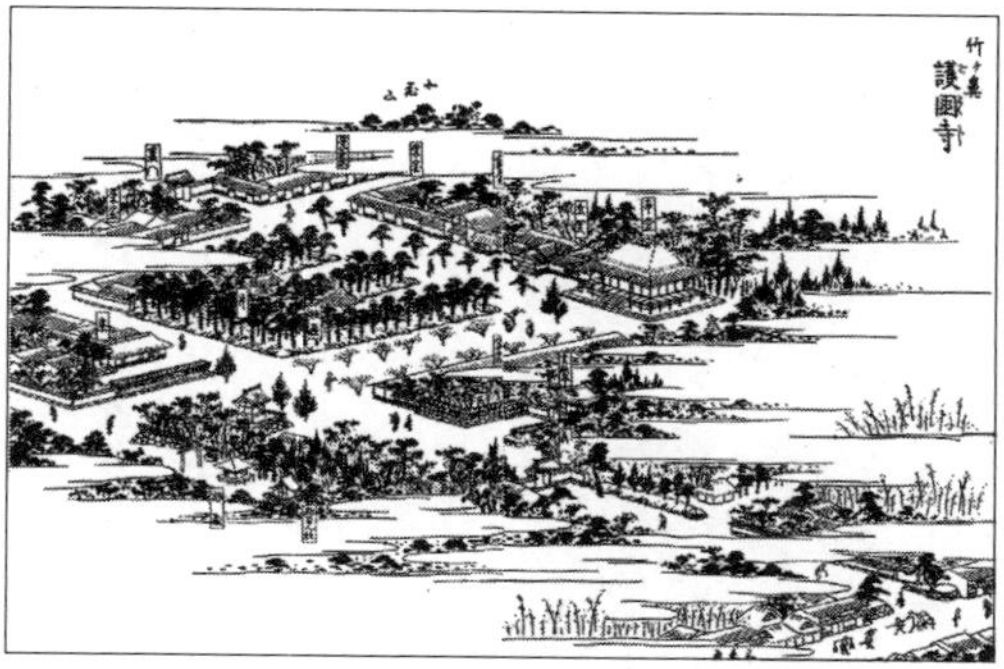

護国寺

「だんじょ」は「談所、壇所」。元来僧侶の修学する所。お坊さん養成寺院の通称で、江戸初期の寛永二十年（一六四三）この一帯の竹藪四千坪を切り開いて創建された護国寺のことである。いつの頃からか地域の人々は、この水を「だんじょ」とよび習わしてきたが、護国寺を「だんじょの寺」といったように、正しくは「だんじょ用水」と称すべきである。永年水不足に苦しんできた竹鼻西部村民たちの用水願望が、護国寺の協力を得て、余水を地下埋設水路を以って現在地まで導入する画期的な難工事を完成させた。たしかな資料は見当たらないが、元禄期以前と考えられる。以来三百余年、「だんじょ用水」は昭和初期頃まで、夏は冷たく、冬は温かい清冽な水が管一杯に溢れ、地域の人々の生活を支えてきた。近年いろいろな事情により、枯渇してしまった由緒ある「だんじょの水」を憂い、保存を願う有志の努力により、姿を変え、見事に復活することになった。先人たちの苦労と永い水の恩恵を偲び、新「だんじょの水」が近隣交流の核として親しみ愛され、いつまでも保存継承され続けることを、心から念願するものです。

この説明にびっくり。てっきり「わき水」と思っていたら、「もらい水」だという。それなら、いつ、だれが、なぜ、どこから、どのように水を引いたのか、が問題になる。一応、水不足に困っていた「竹鼻西部村民」が、護国寺の余水をもらい受けて、地下水路で現在地まで運んだように説明されているが、それをそっくりそのまま、すんなりと受け入れるわけにはいかない。竹鼻村は三条街道（東海道）の南に位置し、東西を四宮川と、安祥寺川に挟まれているものの、水利にはめぐまれなかった。先に説明ずみだが、共に水源が近すぎ、降りすぎた雨は濁流となって流れ、晴れ間がつづくと、干上がってしまう。水不足に苦しんでいたのは西部村民にかぎらなかった。

竹鼻街道のダンジョ水

　もっとも、西部の方が水不足は深刻だったろう。安祥寺川の水源となる安祥寺山は、西部で、山麓が舌のように突き出（地名「竹鼻」の語源）、川水はそれに沿って流れ下り、三条街道につきあたって川筋を西に変え、御陵に向かう。地形のせいで、街道もこの辺からずっと下り坂になっている。だから、街道の南――竹鼻西部は水を欠いていた。

そこに護国寺が建つ。「一帯の竹藪四千坪を切り開いて創建」とある通り、この辺一帯は竹藪で、大正十一年作成の地図でも、やはり一円は竹藪となっている。この地が開けたのは、その前年、国鉄東海道線が南部から北部に移り、新旧の「山科駅」をむすぶバス路線として竹鼻街道が開設され、交通の便がよくなったからで、街道沿いに商店が続々とできていく。それ以前の「ダンジョ水」の地は無人――とはいわないまでも、過疎地だった。竹鼻の南が東野、西野で、東西に分離するまでの地名が「野村」だったことからも、その地勢が推察される。山科本願寺や、本願寺別院が西野にできたのも、それなりの空き地があったからであろう。

「竹鼻西部村民」が「永年」にわたって水不足に悩んできた、というのもわからない。竹鼻村の歴史はかなり古く、すでに中世には音羽、小山と組んで、「山科七郷」の一郷を形成していた。村がどの辺にあったか定かでないが、当然ながら、生活用水を確保できる場所に集落をつくっていたはずで、近世になって、なぜ水不足と知れる地にやってきて、永年、不足にたえてきたのか。解しがたい。

ところで、その昔、安祥寺があったせいか、竹鼻には寺が集まっていた。前出の黒川道祐『雍州府志』が、「竹鼻三堂」として、円信寺、西念寺、地蔵寺の名を挙げる。その中の地蔵寺は、足利尊氏の像を安置していたことで、知られていた。この寺のそばにあったのが護国寺で、『拾遺都名所図会』に、「同所(地蔵寺)南側にあり。法華宗にして、開基は日勇上人なり。京師妙伝に属す。一派の学校なり」と説明されている。簡単すぎてわかりにくいが、日勇は京都の日蓮宗（法華宗と同じ）妙伝寺第十三世で、同宗の僧養成所として当寺を建てたものである。

挿絵を見ると、敷地はかなり広く、「学室」や「学寮」が点在している。注目されるのが、「裏門」の近くに描かれた「井（戸）」で、ここに井戸があるなら、「ダンジョ水」の場でも、井戸は掘れたのではないか。もっとも、掘れても、地下水脈が深く、難工事になり、村人の手にはおえなかったかもしれない。寺は、多くの学僧をかかえ、大量の生活用水を要し、水の確保は必然で、井戸をもっていて当然だ。その井戸の余水を「竹鼻西部村民」がもらい受けた、ということなのか。

護国寺は現存するものの、京津国道開設で寺領を削られ、後年、南西の地に移転しており、件《くだん》の井戸は存在せず、寺に「ダンジョ水」に関する文書は残っていない由で、たしかなことはわからない。素人考えでは、寺に余水があったとは思えない。寺の井戸水は地下水を貯えたもの、「ダンジョ水」は、常時、ざあざあ垂れ流しで、使用水量がまるでちがう。

実は、「ダンジョ水」のことは、前出『山科郷竹ヶ鼻村史』にも出ており、「三条街道近く木村家作業小屋の井戸から、途中二ヶ所の溜桝井戸をむすび、現タケムラ文房具店の南に出ている延長約三〇〇米の地下埋設水路」とあり、著者の佐貫伍一郎氏の住所はその近所だから、書かれていることにまちがいはなかろう。筆者は木村家の井戸については何の知識もないが、この近くに、街道の名物茶屋、「奴《やっこ》茶屋」があり、明治天皇が遷都で東京に行かれるとき、ここでひと休みをされ、水を使われた、と伝えられ、この辺は清水が潤沢だったようだ。水の不足していた下《しも》の竹鼻住民がこの水をもらって、現在地まで引いた、というのも納得がいく。それでも、三条街道のほうが、「ダンジョ水」の位置より高いから、水を引くのも容易――のはずなのに、水路を地下に引いたのは、なぜなのか。今でこそ両者の間を京津国道が走り、水路の埋設が必要だが、この国道ができたのは昭和八年のこと。江戸時代には、障害となるものは何もなかった。地下埋設水路というのがどうにも引っかかる。

ここで助け舟となったのが、三条街道の少し北にある「上野寺井町」という地名。この「寺」は地蔵寺か、護国寺を指すのではないか。そうだとすると、護国寺の井戸はここにあった可能性が出てくる。ここにあった井戸から下に水を流すなら、三条街道を越さなければならない。そこで、地下水路にした。それが真相ではないか。

事実なら、山科疏水に先立つ、山科の治水工事で、それも役所仕事でなく、竹鼻の郷民が果たした快挙で、地元の人々が誇りにするのももっともだ。「ダンジョ水」のことは、山科に住んでいても、知らない人が多いが、もっと多くの人に知っていただき、利用してほしい。夏は冷たく、冬は温かい。残念ながら、「この水は飲めません」と書かれているが、暑中に顔や手を冷やすだけで、生き返った心地になること、受けあいだ。

二十九　山科懐旧

山階小学校

最後に少し山科の思い出を語っておきたい。筆者、つまり私の回顧談である。

私が大阪の吹田《すいた》から、祖父母の住む山科に移ってきたのは、「大東亜戦争」勃発後の、昭和十七年の春先のこと。間をおかず、山階小学校（当時は国民学校）の入学式があった。その点呼のとき、自分の名前だけがよばれなかった。転居届けの遅れか何かのせいだろうと思ったが、後で知ったところ、落ち度は当方にあった。実は、三年前に、新しく音羽小学校ができ、学区の再編成があったのを知らず、最寄りの山階小学校に、勝手に行ってしまった、ということだった。直線距離なら音羽小学校の方が近いかもしれないが、裏の音羽川を渡って行くと、結構、遠くなる。結局、越境入学だが、思い込みのおかげで山階小学校に入ることができた。

山階小学校は、明治五年の学制発令に先立って、西御坊の一部を借りて授業がはじめられた、山科で一番古い名門校で、平成二十四年六月に開校百四十周年記念式典がおこなわれている。最初は「東野校」といい、通学区は、東は小山、西は日ノ岡におよび、つまり、山科北部の全体を占めた。南部では、同年、醍醐三宝院内に醍醐校、勧修寺に勧修校が開校している。小学校は寺子屋の延長だった。

さて、東野校の生徒数は急速に増え、明治十三年に現在地に校舎を新築。それも手狭になり、同三十四年、校地を拡張、旧校舎の移転や、増築をおこなった。私が入学したとき、新入生は旧木造校舎に入れられ、さすがに年季が入って、見るからにオンボロだった。隣接して、当時はまだめずらしい鉄筋コンクリートの新校舎があり、上級生が使っていた。うらやましく、早く上級生になりたいと思っていたら、そのうちに戦況が悪化、敵機が飛来するようになり、そのたびに、それまでは昼の時報だった新校舎の屋上のサイレンが、警戒警報に代わって鳴りひびき、それがまたなんとも不気味で、新校舎には近づけなくなった。

いつの時点からだったかおぼえていないが、学校では軍事教練がはじまった。上級生は本物の鉄砲を使用したが、下級生は木製の模擬鉄砲で、これまた上級生がうらやましかった。そのうちに戦況はますます厳しくなる。山階小学校では集団学童疎開はおこなわれなかったが、私の場合、親の意向で、山口の田舎に疎開。そこで終戦を迎え、山科にもどってきた。それから数日後、アメリカの兵士数人がジープで学校に乗りつけ、銃を校庭に集めさせ、火をつけて焼き払い、去った。その時、敗戦を実感した。

それ以外にも山階小学校時代の思い出のひとつに、音羽山でおこなったウサギ狩がある。恒例の行事だった記憶がなく、参加者も上級生の男子だけだったから、軍事教練の一環だったのではなかったか。

それはともかく、私の役は、仕掛けた網の張り番で、ウサギが飛び出すのを今か今かと待っていたが、勢子《せこ》役がてんでばらばらに追い上げてくるものだから、ウサギを追いつめることができず、結局、獲物はゼロ。そもそも、音羽山にウサギがいたかどうか、おぼつかない。手ぶらで学校にもどると、ブタ汁が用意されていた。

同窓会で人気一位の文部省唱歌「ふるさと」の歌い出しは「兎追いしかの山」だが、全国的にみても、ウサギ狩を体験した学童はさほど多くないだろう。これからも増えることはない。貴重な体験をした、と思う。なお、つづく歌詞が「小鮒釣りしかの川」で、山科にはフナが多かった。

子供の頃の北山科には思い起こすものが他にも多くある。ひときわ目立っていたのが、竹鼻四丁野町に一戸ぽつんとあった、ノッポの、鉄筋コンクリート建ての旧山科警察署で、ノッポだったのは、消防署が同居、屋上が火の見櫓をかねていたからだ。建物の落成は昭和七年のことで、『京都日出新聞』の同年八月一日号が新庁舎の竣工を伝え、「鉄筋コンクリート造り一階建の頗《すこぶ》るモダンなもの」と報じている。すると、最初から高層ビルでなく、消防署の同居は後年のことである。

『京都府宇治郡誌』によれば、山科の警察の創始はつまびらかでなく、明治六年頃に、西御坊内の山階小学校に詰め所が設けられ、九年、「屯所」と改め、十二年に「下京警察署山科分署」と改称せられたもののごとし、とある。その後、あちこち移転したり、改称したりして、明治三十一年に醍醐に警察庁舎が新築されると、山科警察署管轄域もそちらに移り、「醍醐警察署」と称した。そして昭和七年、竹鼻四丁野に、件《くだん》のモダンな建物ができ、「山科警察署」の本拠地となった、という次第。

私がもの心がついたときには、建物はすでにノッポで、屋上の展望台では、監視員が二十四時間体制で火事を見張っていた。一度、展望台に上がらせてもらったことがある。山科中を一望に収め、どこで火事が発生しても、見逃すことはなさそうだった。実のところ、民家そのものの数が少なかった。家が建ち並ぶのは駅前の三条街道、京津国道、それに竹鼻街道ぐらいで、その他、ところどころに集落がある以外、田畑と竹藪だった。

人家が少ないだけでなく、ひと気も少なかった。警察署の南側は、刑務所まで、一面、田んぼだった。それでいて、農家は一軒もなかった。耕作していたのは音羽、大塚、大宅の村民で、農繁期以外に姿を見ることはまれ。閑散としていた。

田地の中央を、竹鼻街道に平行する形で走るのが「ゴルフ場道」で、戦時下では、ゴルフに興じる人もない。戦時中、予科練の飛行機がゴルフ場に不時着するということがあった。急いで見に駆けつけ、その時、はじめてゴルフ場内に足をふみ入れたが、使用されている気配はなかった。なお、予科練航空隊の駐屯所は大津にあり、「黄とんぼ」と愛称されていた予科練の飛行機は、毎日のように、練習のために山科に飛来していたから、見慣れていただけでなく、あこがれだったものの、身近で見たことはなかった。わくわくしながら近寄ってみると、木枠に布を張ったちゃちなもので、あっけにとられたことである。

戦後のいつだったか、今度は米軍のヘリコプターがゴルフ場の手前に不時着した。つまり、山科盆地上を飛行中の飛行機が緊急着陸を必要としたとき、空からみて、不時着できそうな「空き地」が井上町だった、ということである。「山科の里」の中央部が、一番閑散としていた――その信じがたい事実を、このエピソードは立証する。

ゴルフ場道、右奥は西御坊

「ゴルフ場道」は、刑務所にも通じていた。ときおり、移送されてくる囚人が、ワラ笠で顔をかくし、紐で数珠つなぎにつながれ、腰にサーベルを下げた巡査に引き立てられて行った。竹鼻街道をとらなかったのは、できるだけ人目にふれないように、との配慮からだったようだ。このようにそれなりの配慮はされていたが、それでも当時の囚人の扱いはひどいものだった。

警察署の南側には田地以外何もなかった、と述べたが、実は、現在の外環状線沿いの西友山科店のあたりに一角の「別天地」があった。鐘淵紡績（カネボウ）山科工場の総合社宅で、敷地の周囲が高い塀で囲われていて、外界と遮断されていた。だから、土地の人との接点がなく、つきあいもなかったようだ。就学児童は山階小学校にかよっており、同じクラスにそんな子が何人かいたが、友達になることもなく、社宅には行ったこともない。そんな無縁の存在で、カネボウがいつ、なぜ、山科に進出してきたか、知らない。ただ、いえることは、疏水の話のところで述べたように、疏水設置の目的のひとつが発電で、その電気で機械を動かす製造工業をおこそう、というのが狙いだったから、その趣旨に従って、山科でもさまざまな機業工場が生まれた。そのひとつに織物業があり、土地の人がはじめた高坂製布工場や、大野木織布工場がある。そこへカネボウが参入した、というわけだ。カネボウの社宅は西野の安祥寺中学校のあたりにもあったが、いずれも山科の開発で取り壊された。

ちなみに、大野木氏といえば、戦後に、万次郎、秀次郎の兄弟が大臣になり、名を成している。

山科疏水のおかげで農地に変わったかつての「野村」の春の美しさは格別だった。緑肥作物としてレンゲを選んだからだ。「緑肥」とは、「草木の葉や茎を鮮緑のまま耕土に与えて、栽培植物の栄養とする肥料」(『広辞苑』)のことで、要するに、稲の肥料にレンゲを使った、ということだ。そこで、田植え前の田んぼは、一面、ピンクのレンゲの花でおおわれた。しかも、植えたナタネやダイコンの一部を、翌年にまく種をとるために残したので、その黄色、白色の花が入りまざり、花絨毯のようだった。これが日本のふつうの農村風景と思っていたが、どうやらそうでなく、長らく野原だった土地を、短期間に肥沃にするためにおこなわれた新農法だったらしい。

新農法はもうひとつあった。稲の害虫退治をフナにゆだねるというもので、田植えがすむと、水田にフナの稚魚が放たれた。フナはみるみる大きくなり、役目を終えた後、最終的に農家の食卓をうるおす——はずだったが、大半のフナは農業用水路を伝って、小川に逃げた。そこで、小川には、コイとみまがうほど大きいフナがいっぱいいいた。それを私は手づかみで捕らえた。土手を歩いていて、フナが泳いでいるのを見つけると、土手を足でふみつける。おどろいたフナは土手の草下に身をひそめる。それを見とどけ、川に入り、広げた両手をせばめていき、魚にふれたところで、ギュッとつかむ――という寸法だが、たいていは最後にフナがぱしゃっとはねて逃げてしまう。それでもまれに成功することがあり、そのときは「鯉こく」ならぬ「鮒こく」にして、一家皆で賞味した。先述の文部省唱歌の「ふるさと」は、二番の歌詞で小ブナを釣る、と歌うが、大ブナを手づかみにする方が、思い出は深い。

この美しい山科に目をつけたのが、わが国最初の小学校とされる柳池《りゅうち》小学校で、明治二年、富小路御池（現在は柳馬場通にあり、中学校となっている）に、和風文房具を扱う老舗、鳩居堂の主人が建築費の大半を負担して開校、自然を知らない都会の子供のためにと、山科に林間学校を設けた。場所は、西御坊と、蓮如上人の子、実如上人、その孫の証如上人の墓をむすぶ参道（上人墓参道）の中間で、わが家のすぐ南になる。西洋風の、赤い屋根の、瀟洒な建物で、村の目じるしになっていた。ちなみに、わが家も赤屋根で、両者セットとなっていた。そこへ春、桜が満開になると、学童たちがスクールバスでやってきた。そして日がな一日心ゆくまで遊んで、帰って行った。遊び声はけっこうやかましかったが、子供たちがやってくるのは、年に一度か、二度ぐらいのこと、問題にすることもない。それより、京都の周辺には、きれいなところがいくらもあるのに、ほか

柳池小学校山科分校

ならぬ山科――それも、わが家の庭先が選ばれたのが、誇らしかった。

稲穂がたわわに実る頃の井上町も、一面が黄金色になり、みごとだった。その頃の稲田はイナゴがいっぱいで、畦を歩くと、一歩進むごとに足元からイナゴが飛び出す。下校すると、イナゴ捕りが日課になっていた。捕まえたうちの半分が飼っていた鶏の餌で、残りがわれわれのご馳走になった――と聞いて、おどろく人もあろうが、極度の食料難の時代、イナゴは貴重なたんぱく源となっていた。たしかに、その姿にひるむが、足をもぎ、煮たり、炒ったりして食べると、結構、おいしい。聞くところによると、イナゴは、古来から、山間ではなじみの珍味らしい。

緑地だから、イナゴばかりか昆虫が多かった。水田が多いせいで、とりわけトンボが種類も数も多かった。路上を行き来するオニヤンマ、四角い田んぼのまわりを律儀にめぐるギンヤンマ、竿先を止まり場にするウチワヤンマ、林に多いヤブヤンマ、それに雌雄で色のちがうシオカラトンボ、真っ赤なアカトンボ、蝶のようなチョウトンボ、ひらひらと飛ぶハグロトンボ、か細いイトトンボ――数え上げればきりがない。ほかにこれといった遊びがなかったので、トンボ捕りに夢中になっていた。そのトンボ、そのほとんどがヤンマだったようだが、夕暮れになると、群れをなして、北に飛行する。その数、数百、いや数千に上ったかもしれない。高さは数メートルから十メートルぐらいで、トンボ捕りの網がとどかず、なすすべもなく、ただぽかんと見上げているしかなかった。どこに向かったのかわからない。南に帰るトンボを見たことがないので、一方通行で、つまり、毎日、それだけの数のトンボが山科で孵《かえ》っていたことになろう。

ホタル――宇治のゲンジボタルが有名だが、山科にも多かった。ホタルが姿をみせるようになると、親子で、笹を手に、ホタル狩をし、捕ったホタルを蚊帳の中に放し、闇の中で神秘的にひかる光を見ながら、いつしか眠りについたことを、今、あらためて思い出す。久しく姿を消していたホタルの復活があちこちではかられているようだが、山科に関しては、開発で人家が密集。夜も灯火が明るくて、もはやホタルの出る幕はない。

同じく希少で、近年は商品化までされているカブトムシやクワガタムシ。これらがひと昔前の山科では、めずらしくなかった。ふつうなら雑木林に捕りに行くが、当地の田んぼの畦には、刈り取った稲を干す竿をかけるために、クヌギを植えているところがあった。その樹液をもとめて、コガネムシのほか、カブトムシやクワガタムシが集まってくる。そこで、木をゆさぶると、これらの昆虫がばたばたと落ちてくる。ほかの子供が捕りにくる前――朝早くに出かけていけば、たいてい獲物はあった。ところで、ある日、たまたま、庭小屋の堆肥の中にカブトムシの幼虫を見つけ、さらに探すと、蛹《さなぎ》が何匹もいた。なんと、山科のカブトムシの主産地は、わが家の堆肥の中だった！

子供のときの思い出で、とりわけなつかしいのが四宮廻地蔵（徳林庵）の地蔵盆で、夜店が出て、にぎわった。こ

カブトムシが集まったクヌギ

の一年一回の祭日を、子供たちだれもが待ち焦がれた。地蔵盆は子供たちのための祭りとされ、「夜見世」の出し物も子供向けのものが多かった。それらは、平素は手に入らない。そして、この日は、子供の夜遊びが大目にみられており、家を出るとき、「好きなものをお買い」といって渡された小遣い銭を、しっかりにぎりしめ、いそいそと出かけたものである。

四宮廻地蔵

京都では地蔵信仰が盛んで、ほぼ各町内に地蔵を祀る祠があり、縁日の八月二十四日には隣人が寄合い、子供を中心にして、楽しく過ごす。四宮廻地蔵の地蔵盆はそれとは別系で、二十二、三日の行事である「六地蔵めぐり」を濫觴とし、群参する善男善女をあてこんで、露店が出、その「夜見世」が好評で、客をよぶ。その規模がはんぱでなく、三条街道の山科駅前から地蔵堂までの四百メートルの区間が、日暮れ前から車輛乗入れ禁止で歩行者天国になり、街道の両脇に露店が立ち並ぶ――。それでもこれはひと昔前の話で、今回、取材をかねて、約四十年ぶりに訪れてみると、人口増加にあわせて、出店数が増え、露店の列は京阪電鉄京津線の四宮駅前まで延び、屋台数は二百軒を超えていた。全国のテキ屋、当地に大集合――といっても過言ではなかろう。四宮廻地蔵の地蔵盆の存在を知らないテキ屋はいない、と聞いた。そんな名の知れた地蔵盆であることを、地元の人は知らない。地元の人にとってはあってあたりまえのことだからであろう。

それにしても大変な人出で、人波に呑みこまれ、露店をのぞいてみることも、ままならなかった。多くの人が、人出をぼやく。しかし、それは先刻わかっていること。結局、そのにぎわいをもとめて、大衆は集まってくる。

ここで気がついた。この混雑では、子供だけでくるのは危険、というより無理。見まわすと、大半が子供連れの大人だった。この客層の変化に露天商が反応。商品も子供向けより、大人向けのもの——食いものが増えていた。それが焼肉のたぐい。寺の境内ではないが、やはりバチあたり行為にちがいない。中に、シシカバブを売るイラン人らしい男の姿があった。一見、昔と変わらない地蔵盆だったが、内容は変化している。

子供時分の地蔵盆を思い出してみる。戦後しばらくは電力不足で、灯火用に「カーバイト」とよんでいたアセチレンガスが使われ、独特の悪臭があって、たまらなかったが、思い出の中では、それもなつかしい。

夏場の露店市にかかせないのが「金魚すくい」。いつからはじまったのだろう。金魚は、古くから夏の人気観賞魚で、私が幼い頃には、まだ行商の「金魚売り」がいて、その特徴のある売り声とともに、夏の風物詩で、俳句の季語にもなっていた。そこへ遊びの「金魚すくい」が登場。子供に大いに受けて、客を失った「金魚売り」は姿を消すことになった。残念だ。

はじめて行った地蔵盆には、すでに「金魚すくい」があった。うまく何匹かがすくえて、家にもち帰り、飼うことにしたが、幼魚で、次々と死に、残ったのは黒い色の金魚一匹だけ。変哲もない川魚ぐらいに思っていたら、大きくなると、れっきとした出目金で、しかも金色に色変わりして、文字通りの「金魚」になって、びっくり。そんなこともあった。

別の折には、鶏のヒナ釣りで、二羽を釣り、庭で飼っていたら、大きくなって正体を現し、外国産の大柄の鶏で、喧嘩ばやく、くちばしで人をおそい、手におえなくて、知り合いの養鶏場に引き取ってもらった。

昨年の地蔵盆では、金魚以外に、メダカとドジョウの〝すくい〟、それに、カニとカメの〝釣り〟が加わっていた。カメはミドリガメで、赤ちゃんでかわいかったが、成長すると、けっこう大きくなり、しかも、人に病気をうつすおそれがあり、注意を要する。

露店市の定番に綿菓子がある。ざらめ糖の溶液を遠心分離機を利用して綿状にした菓子で、砂糖が綿になる不思議さにみとれていると、おいしそうで、つい手が出てしまう。その綿菓子も、昨今は、出来上がったものをプラスチック袋に入れて売るようになっていて、ずいぶんあじけないが、即製販売する店が一軒だけだが出ていて、なつかしかった。

綿菓子と肩を並べた人気の砂糖菓子がカルメラで、語源はキャラメルと同じ。氷砂糖に卵の白身を加えて煮、あわ立てた軟石状の菓子で、やはり目の前で出来上がっていくのをみていると、口にしてみたくなる。そのカルメラが売られていたが、既製品の袋入りで、食指は動かなかった。昔を偲んで、買う人はいるのかもしれないが。

昔の私のお目当てはアメ細工。竹棒の先に白アメの塊をつけ、指先で器用にこね、ハサミで切って、動物や鳥を形づくり、最後に絵筆で彩色して、出来上がり。それが短時間でできる。その器用さにみとれていたことだ。

それに似たものにガラス細工があり、細い色ガラス棒を、手元の火で溶かし、溶接。いろいろな像を、数センチ大につくるもので、これも見飽きなかった。

こちらは実演でなく、既製品だが、ギンナンを材料にしたミニチュア細工で、小さいのに首や手足が動くようになった、かわいいもので、製品の種類が多かったので、地蔵盆に行ったときに、決まったように、数個ずつ買い集めて、部屋に飾ってきた。今、数えると、二十個以上ある。地蔵盆に十回ぐらい行った勘定になるが、実は、子供のときに行ったのは、この半分ぐらいで、大人になって、子供ができ、地蔵盆のおもしろさを味わせようと、連れて行った回数が入っている。

平成二十五年には三歳の孫がはじめて見に行ったので、三世代にわたって、地蔵盆につきあっていることになる。

■山科周辺略図

至唐崎
西近江路
(旧北陸道)
琵琶湖
浜大津
三井寺
札の辻
三条
東海道
鴨川
小関越え道
(旧東海道)
天智天皇陵
逢坂山
名神高速道路
五条
渋谷街道
山科
四宮
追分
今熊野
五条別れ
醍醐街道
滑石街道
大石神社
音羽山
瀬田
至草津
越の道
勧修寺
藤森
大岩街道
奈良街道
(旧北陸道)
醍醐寺
醍醐山
旧北陸道
至伏見
石田
日野
六地蔵
木幡
関津
大石
宇治川
宇治
至奈良
＝東海道
＝西近江路
(旧北陸道)
＝奈良街道
(旧北陸道)
＝越の道
＝小関越え道
(旧東海道)
＝名神高速道路
(旧東海道線)

あとがき

本書が成った裏話。

私事ながら、亡父が晩年に家族の記録『父と子』を著し、それが家宝になったということがあり、還暦を迎えたとき、それにならって、自分も何か書き残そうと思ったのがきっかけだった。子孫に語り伝えたいことといえば、さしずめ、近年、急激な変貌をとげた、筆者が生まれ育ってなじんだ山科の昔の姿で、回想録に仕立てるつもりだった。それが気変わりする。

ちょうどその頃、山科の中臣遺跡の現地説明会がおこなわれ、近くだったので、顔を出してみた。それまでこの遺跡のことをまったく知らなかったが、なんと、すでに百回近く発掘がおこなわれ、出土遺物の年代も縄文、弥生、古墳、飛鳥、奈良、平安にわたるという。山科の歴史がそれほど古く、豊かだったとは知らなかった。おもしろそうな遺跡だったので、説明会の場で、発掘の手伝いを申し入れ、受け入れられて、発掘終了までの二年間、この遺跡で作業に従事。自分で掘れば、愛着も愛情も起こる。筆者の中臣遺跡への思い入れは並々ならぬものとなり、それがこうじて山科に関する本をものすることになった。

大方の人は、遺跡の名から、中臣氏の遺跡と思っている。遺跡の名は、所在地の「西野山中臣町」にちなんでいる。この町名がいつからあるかは知られていない。ごく新しいものであれば、中臣氏とは関係ない。遺物に先史時代のものがあるが、これも関係ない。しかし、遺跡の主はわからなくても、この地に早くから人が住み着き、長期にわたって生活を営んできたことは事実である。なぜ、この地を選んだのか。当然、問うてしかるべき問いなのに、見まわしたところ、問うた人が見当たらない。そこで、ここに筆者の見立てを開陳する。

その前に、まず遺跡の位置だが、東京堂出版の『京都事典』（平成五年）には、次のようにある。「山科盆地の主要河川である山科川と旧安祥寺川によって画される栗栖野台地と、台地縁辺の段丘面に位置する」。これは意外。山科川の源流は北山科の四宮川、音羽川、それに安祥寺川で、いずれも「涸《か》れ川」と知れている。しかし、考え直してみれば、合流点は盆地中央の頸部で、そこに三つの川が集まってくれば、けっこう水量は増し、稲作用も含めて、生活用水が安定して確保できたのだろう。つまり水利がよかった。そういえば、ひと昔前までは、宇治川の南に巨椋池《おぐらいけ》とよばれる湖沼があった。水はむしろ多すぎるほどだったかもしれない。

氾濫した川は土砂を運び、粘土をつくる。粘土は陶土となる。山科には陶土が豊富だった。土師氏が祖神とあがめた天《あめの》穂《ほ》日命《ひのみこと》が山科の石田で祀られていたことは本文でみた。西野山は砥《と》の粉の産地として有名だったところ。砥石の粉末は、刀をみがいたり、柱などの色づけに使う。筆者が子供の頃には、団子状にした、粘土のようなものを乾かす棚が道沿いにずらりと並び、それをてっきり陶器の原料だと思い込んでいたが、そうではなかった。とにかく、こんな産業も中臣遺跡のあたりにはあった。つまりここに住み着いた人々は原料が枯渇するまでは、とりあえず転地の必要はない。

さて、製品を運送するには道がいる。中臣遺跡はその点でも地の利を得ていた。京都と山科の間には東山三十六峰があり、往来をさまたげる。ところが、実は東山連峰は稲荷山で終わり、稲荷山の南麓は丘陵地となっている。筆者は勧修寺丘陵とよんでいるが、栗栖野の台地がこれに相当するのであろう。この台地の谷間を走る、勧修寺（地名）と深草をむすぶ道があり、これが「大岩街道」だ。道の勾配はゆるく、通行しやすい。先に、旧国鉄の京都～山科間が直線路にできず、いったん伏見に南下したことを述べたが、そのときにとったのがこのルートだった。今は名神高速道路がこの道に沿って走り、道の両脇一面に観光農園が広がる。雉もいるが、原野だった頃はもっと多かっただろう。藤原高藤が山科に狩にきて雨にあい、「郡の大領宮道弥益」の家に一泊したという話の狩場はここだったと考えられる。「栗栖の小野」といわれ、和歌の名所とされてきたが、深草までが「小野郷」だった。この道を統治していたのは小野氏で、宮道氏の本姓も、小野でなかったか。「宮道」という名は、「宮に通じる道に住む人」の意だろう。

大岩街道はさらに反対の東の方に延び、椥辻で旧北陸道と交差、大宅廃寺、岩屋神社に至る。椥辻、小野も往古は「小野郷」だった。小野氏の勢力圏は深草から音羽山まで広がっていた。西野山の西岩屋大明神と、大宅の東岩屋大明神が一体だったことも、これで納得がいく。

そして、大岩街道は旧北陸道とつながったから、もちろん奈良とも、近江ともつながった。それだけではない。旧北陸道は奈良から宇治、日野・石田経由で山科盆地を縦断し近江に至る道だと、一般に思われているが、宇治から宇治川沿いに進めば、六地蔵に出る。ここを起点に、山科盆地の西部を北進する、俗称「大石街道」があり、最後は東海道の「日ノ岡」に出る。この道の中間にあるのがほかならぬ「西野山中臣町」だ。六地蔵で大石街道をとらず、宇治川沿いに直進すれば、川は淀川に変わって難波に出られる。伏見に出れば桂川沿いに山陰にも出られる。「中臣町」は交通の要衝だった。出雲出身の土師氏が山科にいたことも、思えばさほど意外なことではない。

以上、とりとめもない話に終始してきたが、「山科の里」が結構話題の多い、おもしろい地であることはおわかりいただけたろう。将来、さらに詳しく追及してみたい人の一助になれば、と思う。ここから新しい日本の歴史が開ければ、と願う。

なお、地誌の出版は難しい、と聞いていた。この本も日の目を見ることはなかろう、とあきらめていた。一方、書き納めの儀にしたい気持ちも強かった。そこで、先に『猿まわしの系図』の出版でお世話になった樹林舎にお願いすると、快諾していただいた。それで夢の出版が実現することになり、樹林舎叢書として人間社より刊行の運びとなった。

末筆ながら、樹林舎の山田恭幹様とスタッフに心よりお礼を申し上げます。

著者略歴

飯田 道夫（いいだ・みちお）

1935年　京都市山科区に生まれる。

1961年　同志社大学大学院英文科卒。

1961～94年　KLMオランダ航空大阪支社に勤務。退職後、遺跡発掘に従事。

著書　『オランダ風説』（古今書院、1971年）

『猿よもやま話―サルと日本の民俗』（評言社、1973年）

『見ザル聞かザル言わザル―世界三猿源流考』（三省堂、1983年）

『庚申信仰―庶民宗教の実像』（人文書院、1989年）

『日待・月待・庚申待』（人文書院、1991年）

『河童考―その歪められた正体を探る』（人文書院、1993年）

『サルタヒコ考―猿田彦信仰の展開』（臨川書店、1998年）

『田楽考―田楽舞の源流』（臨川書店、1999年）

『相撲節会―大相撲の源流』（人文書院、2004年）

『世界の三猿―その源流をたずねて』（人文書院、2009年）

『猿まわしの系図』（人間社、2010年）

歴史の眠る里　わが山科

2015年5月22日　初版1刷発行

2018年1月5日　2刷発行

著　者　飯田道夫

編集制作　樹林舎

〒468-0052　名古屋市天白区井口1-1504-102

TEL:052-801-3144　FAX:052-801-3148

http://www.jurinsha.com/

発 行 所　株式会社人間社

〒464-0850　名古屋市千種区今池1-6-13　今池スタービル2F

TEL:052-731-2121　FAX:052-731-2122

http://www.ningensha.com

印刷製本　モリモト印刷株式会社

ISBN978-4-931388-86-4 C0039